Improve Your Communication Skills

提升你的沟通技能

[第四版]

[英] 艾伦 · 巴克 著
（Alan Barker）
白红岩 译

中信出版集团 · 北京

图书在版编目（CIP）数据

提升你的沟通技能：第四版 /（英）艾伦 · 巴克著；
白红岩译. --北京：中信出版社，2017.8（2020. 3 重印）
（创造成功经典系列）
书名原文：Improve Your Communication Skills
（Creating Success）
ISBN 978-7-5086-7566-4

①提… II.①艾… ②白… III.①心理交往－通
俗读物 IV.①C912.1-49

中国版本图书馆 CIP 数据核字（2017）第 098822 号

Improve Your Communication Skills by Alan Barker

提升你的沟通技能［第四版］

著 者：［英］艾伦 · 巴克
译 者：白红岩
出版发行：中信出版集团股份有限公司
（北京市朝阳区惠新东街甲 4 号富盛大厦 2 座 邮编 100029）
承 印 者：北京通州皇家印刷厂

开 本：880mm×1230mm 1/32 印 张：6.25 字 数：90 千字
版 次：2017 年 8 月第 1 版 印 次：2020 年 3 月第 5 次印刷
京权图字：01-2017-4266 广告经营许可证：京朝工商广字第 8087 号
书 号：ISBN 978-7-5086-7566-4
定 价：38.00 元

目 录

〔CONTENTS〕

关于本书

〔About this book〕

官方调查显示，善于沟通能使你与众不同。2014年，美国管理专业研究生入学考试委员会（Graduate Management Admission Council）对近600名雇主进行调查，询问其在招聘新员工时最看重的能力。结果显示，沟通技巧位列第一：平均来看，机构对其重要性排名是管理技能的两倍。前四项技能中，谈话与倾听名列前茅。

这些技能为何如此重要？

部分原因是命令–控制式管理模式已不再流行。在如今的项目式与矩阵式管理模式中，当卸去管理权威之后，我们要有影响他人的独特能力。

此外，职场大环境也在改变，专业与职

业间的界限逐渐瓦解。人们将资源外包并建立战略性伙伴关系，因此要与顾客、供应商及其他利益相关者建立有效联系。工作便愈发成为一种由交谈组成的网络。

然而，谈话与倾听的质量也受到前所未有的威胁。人们比以往更加忙碌；苦苦挣扎应对信息过载，工作交谈便沦为一条条待办事项；而且开放式办公室毫无隐私可言，要想与他人安静地聊聊，往往不得不跑去最近的咖啡馆。技术正改变着沟通的方式，而人们对于这种改变的认识才刚刚起步。不过有一点可以确定，人与人之间面对面的交谈越来越少，书面沟通却越来越频繁：如短信、电子邮件、推特（Twitter）等。一些人盯着屏幕的时间远超过彼此对视的时间。

重新探索谈话与倾听技巧对我们而言迫在眉睫。在上述针对雇主所做的调查中，另外两项排名靠前的技巧分别为演示报告与写作，二者均与交谈有关。若能展开更高质量交谈，那么演示报告、电子邮件及报告都将从中受益。

因此，本书将一一阐述上述四种沟通技巧：谈话、倾听、演示报告及写作。一旦掌握这些技巧，你将能轻松获得梦寐以求的工作并最终打造一份引以为傲的事业。

第一章

何为沟通

传递模式
从传递到接收：模式反转
了解彼此
沟通的新定义

你如何定义“沟通”（communication）一词？我常在培训课程伊始提出这一问题，现在我要问你同样的问题。

<<< 练　习 >>>

将下列句子补充完整，用词请勿超过 12 个：

沟通是……

你可以问问同事，并对比你们的观点。你对沟通的定义是否全面？是否解释了有效沟通？是什么导致了沟通无效？你们能否就其定义达成一致？

传递模式

19 世纪时，“沟通”多指物品的移动或人的交流。当然，如今我们也会用到这一定义：道路与铁路都是沟通的形式，正如讲话与写作一样。人们至今仍会使用一些工业意象来形容沟通。如同货物运输过程一样，信息需要经过储存、传递与检索。信息移动方式常被描述成借用“通道”，信息沿该通道“流动”。

进入20世纪，对信息传递的这一描述方式很快与新的电子科技相适应：于是出现了“电话线”和“电视频道”。电子信息以“比特”的形式出现，存储在“文件夹”或“电子仓库”中。“下载”与“上传”是货运的描述，而电子邮件则使用了邮政意象。

因此，在上述练习中，如果你把“沟通”定义为“信息的有效传输”也不足为奇。沟通时我们到底在做什么？我们“有”一个想法（似乎想法成了一种物体），并“把它转化为文字形式”（就像把它放进盒子里一样）；我们努力“把这一想法传递出去”（通过把它强加给对方或是“传达”这一想法）；同时还希望“接收者”能“得到”该想法。在接收者能充分将其“理解”之前，或许还需“打开”这一想法。当然要小心“信息超载”。

这就是沟通的传递模式，很有趣，它表明信息是客观（即信息发出者与接收者对其有同样的理解）且可计量的（我们传输了多少比特）。最重要的是，信息传递模式很简单：我们可以通过绘制图表说明这一过程。

但这一传递模式能否如实反映人们沟通时的情况呢？

从传递到接收：模式反转

那么，传递模式有何问题？

这样说吧，首先，信息与包裹有明显区别。寄出包裹后，我就不再持有它；而发出信息后，我仍享有该信息。但还有一个更重要的原因导致传递模式无法准确地描述沟通，即该模式完全是颠倒的。

沟通的第一项要点是：沟通始于信息接收，而非信息传递。

无论我传递信息的方式多么高效，只要你没有接收到，那便不能称之为沟通。为了接收信息，你需要做三件事：

- 给予关注；
- 理解内容；
- 将你的理解置于情境之中。

这可称为三种最基本的沟通技巧。

给予关注

你关注到的一切事物都有可能与你进行沟通：

- 若注意到道路转弯处的警示牌，你可以调整行车方向；
- 若注意到办公室里突然响起的警报声，你就会撤离大楼；
- 若我对你说“很久以前”，你就准备好去听一个故事了。

当然，我们还注意到一些事物，但它们并没有向我们传递信息的意图。比如车前蹿过去的一只兔子，警报声响起时从椅子上一跃而起的同事，或是讲故事的人那舒缓、低沉的声音。不过只要留意，这些都能向我们传递信息。

> 沟通始于给予关注，而非仅仅拥有沟通意向。

如何理解

诚然，仅是给予关注对于沟通的发生仍显不足，我们还要理解所关注到的事物。那么，该如何理解呢？

实际上，理解是一种模式匹配的过程。我们将感官所获取的信息与大脑内部的心理模式相连接，并创造出了意义。

让我们再次回顾之前的三个例子：

- 若大脑中不存在关于道路警示牌的心理模式，则该警示牌对你而言毫无意义。不过，无论是通过读手册还是咨询周围的人，你早已明白这牌子的意思；
- 同样，你也知道突发的巨响通常意味着危险。这种情况下的心理模式或许是你与生俱来的：凡是有听觉的动物对于突发的巨响都会反应强烈；
- 故事叙述者那迷人的嗓音可能下意识地激活了我们的心理模式，引导我们去听一个又一个情节，使得整个故事扣人心弦。

此时，理解就会变成主动行为。我们自身的心理模式将信息补充完整并赋予其意义。正如古生物学家斯蒂芬·杰伊·古尔德（Stephen Jay Gould）的名言："从根本上来说，大脑是一种寻找模式的机器。"

有时，心理模式的匹配很简单，比如人们设计路标是为了传递某种明确的信息。但更多情况下，人们所处理的信息是残缺、混乱或模糊的。彼时，就需要我们填补所缺。

请观察图 1–1：

图 1–1　卡尼莎三角

你能看到什么？我猜是一个白色三角形，当然它实际上并不存在，你的大脑自动填补了这一空缺。它将现有信息与已有的心理模式进行匹配并得出最佳猜测，即白色三角形。[该三角形以意大利心理学家、艺术家、的里雅斯特心理学研究所（Institute of Psychology of Trieste）创始人加埃塔诺·卡尼莎（Gaetano Kanizsa）的姓氏命名。]

科学家称这一填补空缺的过程为“感知修复”（perceptual completion），该过程不受视觉信息的限制。感知修复表明我们所理解的一切都是对于原本存在的事物的最佳猜测。

置于情境之中

所有的理解都是一种最佳猜测，因此大多数人都擅长揣测意义。

这一技巧的关键在于能够解读情境。办公室里的高音警报声或许意味着有紧急情况发生，但你可能早就知道有时这只是在进行测试，或是偶尔操作错误。了解当时的情境有助于你在警报响起时决定是否要跑向消防出口去逃生。

情境同样会影响彼此之间的理解。假设我们在打招呼，我问道："你怎么样？" 你回答："我很好。" 这几个字可以传递如下任一含义。

- "我感觉很好。"
- "我很开心。"
- "我之前感觉不太好，不过现在好多了。"
- "我之前感觉不开心，不过现在不那么沮丧了。"
- "我没受伤，不需要帮助。"
- "其实我感觉很糟，但不想让你知道。"
- "救命！"

我如何确定你想表达哪种意思？我该关注什么？

在这样的简单交流中，我可以从你回答时的情境猜测含义。我会留心你的语调、语速及音量，你的面部表情、手势及姿势。（心理学家称之为副语言信息，即围绕词汇所产生的信息。）我也许还会想到彼此之间的友谊、见面的场景及文化背景等。

即使这样，我所理解的仍只是一种最佳猜测。为了理解得更准确，我需要问你一些问题，因此就要继续我们的谈话。

了解彼此

在上述简短对话中，你该如何帮助我更加准确地理解你的答案？首先，你可以自问：

“我这样说会产生什么影响？”

> 让我们在这里稍作停顿，并思考这一问题。
>
> 我给对方带来了哪些影响？
>
> 若想提高沟通技能，最重要且有效的方法就是自问这一问题。我们给他人带来的影响也就是我们向他们所传递的信息。道理很简单，但却不易学会并记住。与对方所理解的内容相比，我们想要传递的信息远没有那么重要。甚至只要对方能够关注我们在做什么（或没做什么），我们不需要刻意也能产生沟通。
>
> 正如保罗·瓦兹拉威克（Paul Watzlawick）所说的那样：我们无法做到不沟通。

下面让我们回到之前的交谈。我能通过解读你作答时的情境来猜测你想表达的内容，同理你也可以揣测你的语言及行为会对我产生何种效果，继而做出相应的调整，使我能更容易地理解你。比如你可以给出更多细节，或者用行动来表明你的意图。

当然，这一刻，你同样在关注着我。你注意到了我的语言及动作并对它们的含义进行最佳猜测。

我们之间就这样产生了微妙的互动，如同跳舞一般：我们默默地关注对方。我们开始模仿彼此的姿势姿态，声音变得和谐，连说话的语调、节奏也变得合拍。我们甚至能说出对方想说的话，或是一人说出上半句对方就能接出下半句。

我们之间建立了默契，并发自内心地认为彼此开始相互了解。

建立默契

在形容默契时，我们常用的并非“铁路”“包裹”和“快递”这样的描述，这里说的并非传递信息。取而代之的是用音乐语言，你可能会觉着我“在你的波段上”。我会感觉彼此“合拍”，也许有“和声的感觉”或是“在同唱一首歌”。

这里提到的是一种不同的沟通模式。

多数默契都会自发形成，但也可以人为建立。这时默契不单是一种令人愉悦的行为，还能成为一种沟通技巧。

为了培养建立默契的技巧，我们需要思考自身的如下行为：

- 肢体行为；
- 声音行为；
- 语言行为。

我们绝对相信眼睛所看到的。有句著名的销售短语叫作“眼球效应”（the eye buys）。若一个人的言谈和肢体语言不吻合，人们会相信肢体语言。因此，人为建立默契必须首先要在肢体语言方面展现出热情、放松及坦率。

音调是第二个重要因素。我们可以调整音高（即语调的高低）、节奏（说话的速度）及音量（说话声音大小）。若你语速很快且响亮，同时语调升高，声音听起来会让人感觉你很紧张或有压力。这种紧张情绪会感染他人，使他们同样感到局促。若你的语调低沉，舒缓柔和，他人便会感到放松。

但建立默契不仅仅是协调肢体语言或语音语调，我们仍需配合对方的言辞，使对方感觉我们在“说他们的语言”。

<<< 练　习 >>>

这是与陌生人建立默契的简单方法，可在员工食堂、联谊会、网络会议或会谈上进行尝试。

- 模仿对方肢体动作以创造“镜像感”。
- 提三个问题——但在完成下面两步之前不应超过三个。
- 从你刚了解到的情况中寻找一些亮点来赞扬对方——要婉转。
- 从你刚了解的信息中寻找彼此观点一致的地方。
- 重复上述四个步骤直至交谈渐入佳境。

此处向克里斯·戴斯（Chris Dyas）致谢。

大多数人刚开始与陌生人交谈时都会有压力，有时甚至不知说什么。很多人都愿意学习“打破僵局”这项技巧。

关键在于减少会面时的紧张感。你可以找到彼此的共同立场，并就这一立场提出问题。不过不能让对方感到被排斥或是像在接受盘问，因此要避免：

- 只谈论自己；

- 直接询问对方的情况。

这两种方式都会使交谈变得更紧张，效果跟什么都不做一样。因此，掌握谈话主动权，使对方放轻松，你也会很快放松下来。

沟通的新定义

我们需要重新定义“沟通”一词。关注、模式匹配及建立默契是沟通的传统模式，很显然我们需要找到更准确的表达来替代它。“沟通”这个词本身的发展历史为我们提供了线索。

“沟通”起源于拉丁文 communis，意为“共同的”“共有的”。它与communion（共享）、communism（共产主义）及community（共同体）同属一类词群。在沟通过程中，我们努力共享意义。

或是说：

沟通是创造共识的过程。

人们尝试用各种方法和技术创造共识：我们使用电话，召开网络会议，作报告，花费数小时制作幻灯片，写邮件，编辑短信，设计网页，以及在博客上写文章。

但基本的沟通形式从未改变：交谈。人们通过交谈建立关系，认清现实。我们影响彼此的想法、感受及行为。人们还通过交谈解决问题、开展合作并寻求新的事物。交谈是我们设想并创造未来的途径。

你想提升沟通技能吗？可以先回顾你与他人之间的对话，我们会在下一章讨论这一问题。

<<< 要点总结 >>>

- 沟通并非始于传递，而是理解。
- 理解是一种模式匹配的过程。
- 有时我们需要填补缺失信息以完成模式匹配。
- 这一技巧的关键在于能够解读情境。
- 在任何交谈中，通过询问“这样说会带来什么影响”，我们可以开始建立默契。
- 通过管理如下行为，我们可以人为建立默契：

  ——肢体行为；

  ——声音行为；

  ——语言行为。
- 沟通是创造共识的过程。
- 交谈是我们使用的主要工具。

第二章

如何进行交谈

优质交谈的三个基本规则
交谈为何出现障碍
将交谈置于语境中
确定双方关系
控制行为
交谈的使用

交谈是一种口头的舞蹈。“交谈”（conversation）一词源自拉丁语，意为“伴随某物移动”。

同任何舞蹈一样，交谈也需要遵循规则，使我们可以舞步协调，不至于踩到对方脚趾。不同类型的交谈有不同的规则。

<<< 练　习 >>>

请思考我们用哪些词描述交谈，写下其中几个。它们之间有何区别？每种类型交谈分别适用哪些规则？

例如，你可能会想到“聊天”及“讨论”。二者有何区别？是否遵循不同规则？

你还能想到其他描述交谈类型的词语吗？

我们与他人间有太多交谈，以至规则已经成为无意识的前提假设。结果，当交谈出现障碍时，我们可能会感到迷惑且不知如何排除。

首先，我们来正面讨论其中几个假设。

优质交谈的三个基本规则

这三项规则阐明了人们对于有效交谈最基本的设想：

- 规则1：每次只有一人发言；
- 规则2：设想对方的交谈目的具有意义；
- 规则3：使交谈遵循TRAC原则。

规则1：每次只有一人发言

优质交谈的第一条黄金法则：

每次只有一人发言。

交谈之舞由“次序”构成，双方依次发言并倾听。

交谈中最重要的技巧之一是知道何时该你发言。如果你在他人发言时就开始讲话，对方很可能会感到生气或被侮辱。想要避免损害自身名声，就要培养依次发言这一技巧。

为使轮换发言合理，我们需要倾听。因为只有通过倾听我们才能知道：

- 何时轮到你发言；
- 该说什么内容。

人们很少想到这一点，不过这项技巧奥妙无穷。

首先，到你发言时，把握时机张口说话十分重要。若间隔太久，对方可能会开始担心。研究表明，半秒钟的间隔足以吸引对方注意，使之对你产生关注或感到尴尬。

其次，你应表明自己始终在倾听。若非如此，对方就会感觉你没有对他始终保持关注，你对其所言内容毫无兴趣，而且你就是一个很无礼的人。

最后，到你发言时，你所说的内容要与对方之前的内容相关。否则，他们就会认为你不仅无礼、粗鲁，更有可能精神有问题。

许多问题都取决于这一能力。处理好了，交谈就能成功；反之，有可能会损害双方长期的关系。我们要学习这一技巧，且非一日之功，当然若足够幸运，我们在孩提时代就能从亲朋好友身上习得它。

下面指导你遵循优质交谈第一条规则要如何做：

- 为发言人结束讲话的时刻作准备；
- 找到话说，表明你始终在倾听；
- 发表评论，要和对方之前所说内容直接相关。

规则 2：设想对方的交谈目的具有意义

优质交谈的第二条黄金法则：

设想发言人想说的内容是有意义的。

我们在倾听时，通常认为发言人在努力表达我们能理解的内容。创造共识不就是沟通的内容吗？当然，对方对于我们也有同样的设想。彼此都在设想，实际上也在合作——一起努力创造共识。研究交谈的心理学家称这一设想为“合作原则”（cooperative principle）。

当然，合作原则有时会被打破（试想那些目的不同的谈话）。

有时人们会故意违反这一原则。（试想一场激烈的争论，我们有可能会大声喊叫：“我不是那个意思！”）不过通常情况下，因为有意义，人们都会遵守合作原则。否则，若不能努力创造共识，那我们关注对方讲话又有何意义？

如果你遵守了第二条规则，也就意味着你已准备好去做这两件事了：

- 你很乐意忽略发言人的任何错误；
- 你会填补他们话语之间的空缺信息。

大多数人能轻易做到这两点。例如，我们都会忽略发言人的语法或词汇错误，甚至注意不到这些错误；同时选择相信发言人，并关注他们要说的内容。

我们还善于填补空缺信息。是否还记得我们在第一章里曾观察过的卡尼莎三角？正如在那张图片里我们填补空缺形成了三角形一样，交谈中我们也会填补空缺信息以创造意义。

填补空缺信息是指补全发言人所说内容或增加某些细节。如果无法得知发言人的意图，我们会考虑其他可能性。也许他们在撒谎或有意作梗；抑或处于醉酒状态，无法思考或意识混乱。

因此在倾听时，人们忽略了发言人的错误，而且也没填补空缺信息。做出上述两个假设理由很充分，毕竟很快就会轮到我们发言。我们需要明白：

- 何时发言；以及
- 该说什么。

如果我们在使用合作原则，就会希望对方能理解自己，且下一次轮到我们发言时，内容能够尽量清晰易懂。因此，我们就要判断对方何时结束讲话并准备好倾听；讲话内容也应与其之前所讲内容或多或少有联系。

为遵循优质交谈的第二条规则，我们在倾听时需要完成下列步骤：

- 找到对方所说内容的空缺信息，努力将它补充完整；
- 若不确定发言人的意思，你需要：
  ——补充完整其所说的内容；
  ——澄清理解欠佳的部分；或
  ——换一种说法（因为对方的表达可能是讽刺、挖苦、夸张、低调、隐喻或是使用术语）。
- 若有必要，利用下次发言的机会确认你已完全理解对方所说内容。最好在介绍自己下一个观点前完成此举。

规则 3：使交谈遵循TRAC原则

优质交谈的第三条黄金法则：

确认真实性（truth）、相关性（relevance）、充分性（adequacy）及清晰性（clarity）。

合作原则是交谈中我们所做的其他4个假设的基础。在倾听时，我们常假设发言人会：

- 说真话（他们不说自知是假的话，只说有依据的内容）；
- 说与交谈目的相关的内容；
- 提供充分信息，使我们足以理解内容，但不应超出理解所需要的量；
- 言语清晰（他们会使用我们熟悉的词，避免歧义词，用词简练且井井有条）。

上述设想基于语言学家保罗·格赖斯（Paul Grice）的研究，格赖斯将其命名为“交谈准则”。我们可通过首字母缩写记忆这一准则：

- True 真实（质的准则）；
- Relevant 相关（关系准则）；
- Adequate 充分（量的准则）；
- Clear 清晰（方式准则）。

（括号内名称是格赖斯对上述准则的正式命名。）我们可根据这四条准则使交谈始终遵循TRAC原则且不偏离方向。[①]

---

① TRAC音同track，意为“轨道”。——译者注

违反准则

发言人可能会在无意中违反某条准则。一旦如此，我们也许会感到困惑，也许会关注哪里出现了问题，并将交谈拉回正轨，让其符合TRAC原则。但请牢记第二条规则：设想对方的交谈目的具有意义。如果认为发言人在违反准则，我们更倾向于认为他是故意为之，分析师称之为违反准则。

例如：

- 如果认为发言人所说内容有误，我们也许会认为其在故意撒谎；
- 如果对方所说内容似乎与我们无关，我们也许会认为其在尝试改变话题；
- 如果对方所说内容并不充分，我们也许会认为其在刻意隐瞒；
- 如果对方使用了模糊的词汇（即我们所不理解的词汇），则我们也许会认为其在试图体现优越感或让我们看起来很愚蠢。

多数人在交谈中能猜到对方的言外之意，但有时也会感到困惑。因为我们并不知道发言人所说内容为何不正确、与我们无关、不充分或不清晰。或许是因为我们之前的话语不够清晰？或许他们无法很好理解我们的语言？或许他们感觉不适……

使用准则提升交谈技能

交谈准则最初并非作为指南出现，格赖斯认为这些是在与他人交谈时，人们常有的一些假设。不过我们将其视为提升交谈技能的准则。

若交谈中感到迷惑，可以检查我们所说的（或所听到的）内容是否：

- 真实；
- 相关；
- 充分；
- 清晰。

如果你感觉交谈出现了障碍，试着用准则将其引入正轨，进而符合TRAC原则。

作为倾听者，准则最主要的使用方法是提出问题；而作为发言人，最主要的是参照该准则，使发言内容在某一方面与之相符。

<<< 练　习 >>>

作为倾听者，你能提出哪些问题使交谈回到正轨，符合TRAC原则？

对于每条准则，我已给出若干提问的建议。你还能想出其他问题吗？

真实

- 你确定这是正确的吗？
- 为何会那样说？

相关

- 抱歉，我不明白这与你刚才所说的内容有何联系。

- 两者间有什么联系？

充分

- 能否告诉我更多信息？
- 主旨是什么？

清晰

- 抱歉，这词（生僻词）是什么意思？
- 换句话说……（用你自己的话复述刚才对方所说内容）。
- 那么，作为发言人，你该怎样说来使交谈符合TRAC准则？
- 同样，我已经给出了一些建议来启发你的思维。你还能想出其他问题吗？

真实

- 对于这一点，我有相关证据。
- 嗯，在某些情况下这是对的……

相关

- 这些事情之间有关系。
- 这一切的要点是……

充分

- 好吧，我知道我表述了太多信息！
- 或许我需要告诉你更多。

清晰

- 可能我说的是行话了。
- 换句话说……（用不同的表达方法重复你刚刚说过的话）。

交谈为何出现障碍

若能遵循上述三项基本原则，你的交谈水平会有显著提升。这都是“速效药”，稍加练习，我们都能做到：

- 更有效地利用我们的发言机会；
- 关注发言人想要表达的意思；
- 确认话语的真实性、相关性、充分性及清晰性。

现在我们可以通过研究交谈的三个维度进一步提升这些技能：

- 语境；
- 关系；
- 行为。

将交谈置于语境中

交谈都有一定的语境，很多交谈最终失败是由于一方或双方忽视或误解了交谈语境。

会面时的大环境是语境的一部分。交谈的起因是什么？这是不是更大范围的沟通过程的一部分呢？若在一开始没有核实交谈的原因，误解很快就会出现。

此外还有环境背景。你是否在一个安静、舒适且私密的环境中展开交谈？现代开放式办公室通常很嘈杂，令人感觉不适且过于公开。

最后还应考虑交谈的文化语境。你所在的组织对于交谈有何规范？你的公司是否重视交谈？有没有同事很擅于交谈？或很不擅于交谈？在开展交谈前是否要进行一系列常规程序或协定（如预约日程或会议室）？有没有某些交谈格外受到重视？

还有其他因素影响你在机构内的交谈。比如缺少社交空间（如员工食堂）或舒适的办公室隔间，同事可能分布在不同区域。越来越多的员工开始抱怨难以见到经理，更不用说与之展开交谈。（你是这样的经理吗？）

如果交谈能够进行，我们头脑中的假设可能会让谈话进行得更艰难。比如，我们会假设：

- 双方都知道彼此在谈什么；
- 双方知道彼此对当前形势的看法；
- 双方均不应当流露个人情感；
- 对方理应因此问题而受到责备；
- 双方都能做到坦诚相待；
- 我们必须要解决对方的问题；
- 我们是对的，对方是错的。

若对这些假设深信不疑，那么误解与冲突很快就会出现。

这些想法源于人们的心理模式。（在第一章中我们曾提到过心理模式：路标及卡尼莎三角。人们使用心理模式补全缺失或模糊的信息。）例如，我可能会有这样一些心理模式：人们置身商海就是为了追逐利润；女人天生与男人管理风格不同；性格是由某种民族特征决定的。

交谈经常会演变成种种心理模式之间的冲突。这就是“对抗性交谈”（adversarial conversation），也是让交谈陷入困境的最重要且致命的原因之一。（关于对抗性交谈，会在第三章中有更多介绍。）

<<<关键问题>>>

语　境

- 目的：你们彼此都清楚交谈的原因吗？
- 时间：此时进行交谈，时间是否恰当？本次交谈的背景是什么？这是大的流程中的一部分吗？
- 场所：你们交谈的场所是否舒适、安静且不受干扰？
- 假设：你们了解开始交谈前对方的假设吗？在继续谈话之前，你们是否需要研究一下这些假设？

确定双方关系

交谈双方的关系决定着交谈如何进行，对于陌生人和熟人，我们有截然不同的方式。

人际关系在以下四方面起作用：

- 身份；
- 权力；
- 角色；

- 喜好。

上述四个方面共同确定了交谈的范围。

身　份

交谈中的身份是指我们参考对方与自己的关系而产生的等级。身份极其简单：我们的身份或是高于对方，或是低于对方，或与对方平级。

身份是相对且暂时的。（人们使用诸如服饰、奖杯、汽车等作为身份象征，这是因为相对于对方，我们的身份始终在发生变化。）我们从他人那里获得身份：这一点可从他人对待我们的方式及所展现出的尊敬、亲密或拘谨等态度轻易看出。当然，我们对待他人的方式也影响着对方的身份，这一切都是在交谈中完成的。

身份就像跷跷板，只在一个方向运动：上或下。跷跷板一侧抬起就意味着另一侧落下。

比如，要想提高自己的身份，就意味着在身份跷跷板上，对方的身份要被降低。此类行为可简单说成“打压”（pushing）：按强度递增举例，可分为指导、要求、打断、批评或辱骂。

相反，我们也可能想要提高对方身份。通常称这类行为为“捧高”（pulling）：按强度递增举例，可分为询问意见、鼓励、表扬、让步或言听计从。如果把身份的确认比作跷跷板的话，那么提高他人身份则意味着自己的身份被降低。

<<< 练　习 >>>

我们能说或做哪些事情来“打压对方”——提高交谈中自身的身份？在这里写下一些例子。

我们能说或做哪些事情来“捧高对方”——提高交谈中对方的身份？在这里写下一些例子。

通常交谈中最有效的策略是“平衡”双方身份：使跷跷板处于水平状态。是否记得在第一章中我们是如何研究默契的？人们认为建立默契可平衡双方身份关系。

权　力

权力是我们对他人施加的控制。若我们能够以某种方式影响或控制他人的行为，我们就对他拥有权力。20 世纪 50 年代后期，约翰·弗伦奇（John French）和伯特伦·雷文（Bertram Raven）发现了五种权力类别：

- **奖赏性权力**　对他人的行为给予奖赏的能力；
- **强制性权力**　惩罚他人的能力；
- **合法性权力**　法律或其他规则所赋予的权力；
- **参照性权力**　吸引他人模仿并崇拜的“魅力”；
- **专家性权力**　来自此人具有的某些知识或技术专长。

如今人们开始谈论一种新的权力类型。英国外交和联邦事务部（Foreign and Commonwealth Office）将“召集性权力”（convening power）定义为“有能力将合适的人召集在一起”。这是一种“联络者”（connectors）的权力，这类人通常位于高效人际网络的中心。（更多内容，请参见第九章。）

人们会在交谈的不同时刻使用不同的权力。例如，若你对他人没有奖赏性权力，你可以力图以专家身份影响他们；若你缺乏领袖魅力或没有受到足够尊重，你可以借助合法性权力或强制性权力树立威信。

角　色

角色是他人期待我们做出的一系列行为。工作职责中对于每个人的正式角色有明确的定义，而非正式角色则是人们在与我们交谈时所赋予的。

也许当你与团队共事时，曾参与过某些测试来定位自身角色。其中最著名的测试之一是由梅雷迪思·贝尔宾（Meredith Belbin）于 20 世纪 70 年代开发而成。贝尔宾写道：“团队并非是一群拥有不同职务的人，而是许多个体的集合，每人都有相应的角色，其他成员也都明白这一角色分配。”

贝尔宾把团队角色分成九大分类，包括凝聚者、协调者、审议员和塑造者等，这一分类有助于我们理解如何在团队内部及其他工作环境下开展交谈。当然这也存在一种危险，即人们给自己贴上这类角色标签。更甚之，我们也许会开始给别人贴标签。结果，彼此间的交谈会受到各自对于角色心智模式的限制。

喜　好

交谈会由于彼此不喜欢而失败，也会由于彼此过于喜欢对方而出现障碍。

喜欢与否要比其字面意义复杂得多。喜欢可能发展成一种感情牵绊甚至成为成熟的感情；不喜欢则会使交谈变为陈年积怨。

领　地

上述四种因素（身份、权力、角色及喜好）决定了交谈中的“领地”关系。

成功的交谈旨在寻求共同的领地：双方的共同立场。但人们总在谨慎地捍卫着各自的领地。因此，交谈中的很多规则都是关于邀请和允许对方踏入彼此的领地。

<<<关键问题 >>>

关　系

- **身份**　你们双方是否存在明显的身份差异？为何会出现这种情况？这种差异如何影响你对待对方的态度？你认为它是如何影响对方的行为的？

- **权力**　你能否看出对方在动用权力？是哪种权力？他们在朝哪个方向努力？双方如何影响权力关系？你想怎样影响它？
- **角色**　你在交谈中充当什么角色？考虑一下你的正式角色（职务头衔或合约规定的职位）及非正式角色。他人如何看待你在交谈中起到的作用？你能否感觉到自己自然地进入交谈中的某一角色？
- **喜好**　你们对彼此的看法如何影响交谈？这种喜恶是否影响了最终的交谈结果？
- **领地**　界限在哪里？双方是否找到了共同点？你在哪些方面允许对方进入你的领地？你可以在哪些方面请求踏入对方的领地？

控制行为

交谈从来不仅仅是语言交流。我们还会用到非语言交际：语调、手势、目光的移动和身体的姿势及相对彼此的站位。特雷西·考克斯（Tracy Cox）写道："当有压力时，我们的身体会泄密。真实感受会通过姿势表露无遗。"

非语言行为大多是潜意识的，演员（及伪装大师）能通过大量训练最终控制其非语言行为。大多数人的非语言行为都是通过潜意识地吸收、模仿周围人而得来的，因此，有时候我们会通过非语言沟通传达给对方那些你本不打算让他知道的信息。（是否还记得我们在第一章所探讨的关键问题？我这样做会给对方带来什么影响？）

交谈会出现障碍通常是因为人们会曲解非语言信息（nonverbal messages），主要有以下四个方面的原因。

- **非语言信息含义模糊** 没有一本字典能给出确切的解释，其含义根据不同语境而变化。有的人闭上眼睛是在集中精力听你讲话，也有人是不想把注意力集中在你身上。
- **非语言信息内容连续** 我们可以停止说话但无法终止动作。
- **非语言信息有多个传送渠道** 所有的信息都在同时传出：通过眼睛、手、脚及身体的位置等。我们会从整体上来理解非语言信息并形成总体印象。这使其信息十分有力但不具体：我们无法确定某一行为在传递什么信息。
- **非语言信息受文化背景影响** 研究表明，有一些非语言信息具有普遍意义：例如，人们开心时都会笑，然而大多数非语言信息都是某一文化特有的，因此由跨文化差异所带来的对非语言信息的误解会产生很多混乱。

有效的沟通者会控制自己的行为，努力使自己的非语言信息与其语言相符。你可能会觉得这是不诚实的表现："表演"与你感觉不符的角色。但在交谈中每个人都在表演，而控制行为只是意味着努力表现得恰当得体：试图给人带来满意的效果。

如果你想使用自己的非语言交际，可从眼神开始。你可以多考虑一下在交谈中如何运用眼神来加强话语效果。简单来讲，一直注视着对方且身体不要乱动，这样的行为可在短时间内使谈话变得更舒服。

<<<关键问题>>>

控制行为

- **寻找信息群** 如果你接收到一系列非语言信息，并且它们似乎都在暗示同一种感觉，这时你会对自己的解读更有把握。
- **考虑以往的经验** 我们可以更准确地解读熟人的行为。当然也会注意到其行为的变化。同样，对长时间的行为模式观察做出的判断要比根据某个时刻的行为做出的判断更为准确。
- **核实你的感受——提问题** 你是在理解你观察到的行为，不是在揣摩他的心思，因此要确认你观察到的行为并确保理解无误。
- **控制你的眼神及动作** 考虑在交谈中你的眼睛看向哪里及身体如何移动。

交谈的使用

交谈是人类的活动。我们通过交谈建立并维系人际关系，共享有效信息，激励彼此采取行动。这种谈话与倾听之间如舞蹈一般巧妙的转换是一项必备的沟通技能。

本书中提到的其他沟通模式均与交谈有某种联系。第四章研究询问的技巧，该技巧是基于人们的倾听能力产生的。第五章介绍说服的互补技巧：如何通过谈话影响对方的思维及感受。

第六章会探讨棘手的谈话：那些人们试图避开的或出其不意的交谈。第七章和第八章中我们将探讨所谓的“远距离交谈”，如演示报告（此时依次发言受到了严格限制）与写作（这是一种缺乏大量非语言交际的交谈形式，此时语境总会被忽略）。不过新科技（如电子邮件、短信、即时通讯及Twitter等）是大趋势的一部分，它们使得写作更接近于口头语言，并向更新的技巧提出了全新挑战及需求。

最后，在第九章会研究网络会议。人们越来越需要与陌生人进行快速、舒适且卓有成效的沟通。网络会议是一种新的交谈形式，是决定生活中很多方面成败的关键。

不过，我们首先应该对交谈给予更多关注：这是一种最有力且有趣的沟通技巧。如何提升你在家庭、工作及社交场合中的交谈技巧？第三章会给出一些建议。

<<< 要点总结 >>>

- 优质交谈的三个基本规则：

  ——每次只有一人发言；

  ——设想对方的交谈目的具有意义；

  ——使交谈遵循TRAC原则。作为倾听者与发言人，应确认真实性、相关性、准确性及清晰性。

- 倾听时提出问题，发言时使用陈述句。
- 为了改善交谈语境，需确认：

  ——交谈目标明确；

——时间地点恰当；

——交谈双方有相同的假设。

- 为改善交谈中的关系，需控制：

——双方身份关系；

——交谈中的权力动态；

——交谈中双方的角色；

——对于彼此的看法；

——双方是否处于共同立场且无异议。

- 为改善交谈中的非语言行为，需要：

——寻找信息群；

——考虑以往经验；

——确认你的观察；

——控制你的眼神及动作。

第三章

改善交谈的七种方法

阐明目的

建立思维框架

控制时间

寻求共识

摆脱争论

常作总结

使用视觉手段

工作中我们会进行各种类型的交谈。其中一些是闲谈（通常被称为“闲聊”）；另外一些则是有计划的。如何使交谈更有效率？

本章将讨论七种已被证实有效可行的策略：

- 阐明目的；
- 建立思维框架；
- 控制时间；
- 寻求共识；
- 摆脱争论；
- 常作总结；
- 使用视觉手段。

你不必马上使用所有策略，选择其中一项并练习数日。（在大量交谈中运用它！）直到你感觉可以在交谈中熟练应用这一策略，再去练习下一个策略。

阐明目的

把交谈想象成你与对方的旅行。假如事先不知道该往哪里走，你们很快就会偏离方向。只有双方都明确此行的目的地，才能顺利到达终点。

在交谈一开始就说明目的。我们把这一技巧叫作“给出大标题”：报纸通过大标题把整篇报道的主旨传递给读者，在交谈中我们也可以这样做：

我想和你谈谈开发计划；

我知道你在担心销售额，我这里有些线索或许能提供帮助；

我召集此次会议，是想就X项目作一个决定。

当然，你也可以在交谈的过程中改变目的，就像在旅途中改变方向一样。这都没关系，只要交谈双方都清楚即可。实际上，如果在交谈开始就把目标定得过于具体会不利于你最终取得成功。例如，在谈判中要事先想到几种有可能出现的结果：什么是你的首选结果？哪些是你愿意接受的？哪些是不可谈判的？

目标大致可分为两类：探索问题与寻找解决办法。当你在思考大标题时，需要自问：“是要探索问题还是要寻求解决办法？”人们常认为所有就某一问题产生的交谈，其目的都是为了寻求解决的办法。因此，你会发现自己不知不觉就朝向寻找解决办法的方向去努力，而没有做到事先准确定义或理解问题本身。（在下一节“建立思维框架”中我们将会对此进行更多讨论。）

在会议中，最好是在议事日程上公布此次会议目标。“议事日程”是“待完成事项”，以此来列举会议中要做的事项，而不仅是想说的内容。例如，不要写类似于“信息技术基础设施”这样的简单标题，而要写成“审查关于技术支持的供应商选项，选择优先竞标者”。这样，你就说明了交谈目标，参会者都清楚该如何去交谈了。

建立思维框架

给交谈活动设置框架能极大改善你的交谈情况，最简单的方法是将其一分为二。

我们可将思维看作是由两个阶段组成的过程：第一阶段是对问题进行思考，第二阶段是考虑解决方案；第一阶段探索现实并将我们发现的问题转化为语言，第二阶段处理语言并决定实施某一行动。也可以说，第一阶段思维是认知，第二阶段思维是判断。

人们常会忽略第一阶段思维。我们总认为自己了解正在处理的事情。但显而易见，第二阶段思维的质量直接与第一阶段相关。若我们对某一情况的认知受到限制，那么对其做出的判断也会相应受到限制。如果误解了某个问题，那么我们有可能会提出糟糕的解决方案。

我有时认为人们过度热衷于寻找解决办法。迫于时间压力及结果导向，人们常常直接跳到第二阶段思维，而花在第一阶段思维的时间远远不够。人们或许不愿处理过于棘手的问题；毕竟它们会使人感到恐惧，而且人们不喜欢忍受尚未解决的问题。最好能处理问题：弄清问题、解决并摆脱它。

避免直接跳至第二阶段思维。给第一阶段（即问题阶段）思维尽可能多的关注，留出充足的时间，确保交谈参与者步调一致。

技巧就是找到两个思维阶段之间的联系。娴熟的交谈者会把如下几方面联系起来：

- 过去和现在；
- 问题和解决办法；
- 要求和答复；
- 消极观点和积极观点；
- 对于事实的看法和对于后果的推测。

交谈的四种类型

思维的两个阶段可被分解成为四种交谈类型，分别是：

- 发展关系的交谈；
- 寻求可能性的交谈；
- 寻找机遇的交谈；
- 旨在采取行动的交谈。

这四种交谈类型可以构成一个单一的、更大型的交谈，它们也可以单独发生在某一过程或项目的不同阶段之中（如图3-1所示）。

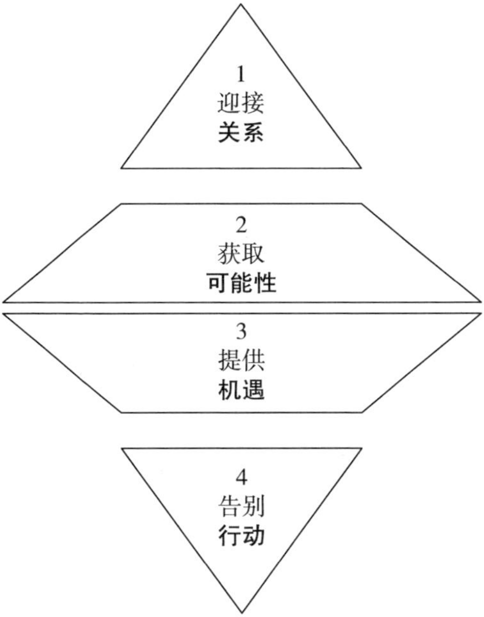

图 3–1　四种交谈类型

发展关系的交谈

这是一种探讨性的交谈。通过交谈，我们可以建立或发展某种关系，以期最终实现目标。

这类交谈中的主要问题有如下各项。

- 我们是谁？
- 问题是什么？
- 你如何看待这一问题？
- 我们与目前的问题有何关系？
- 我们之间的联系是什么？

- 我们如何看待事物?
- 哪些问题是我认识不到而你却可以认识到的?
- 哪些问题是你认识不到而我却可以认识到的?
- 我们看待问题的方法在哪些方面存在相似点或差异?

发展关系的交谈可能会显得犹豫、尴尬或让人感到难堪，因此，这类交谈总是匆匆收场。想象一下你在聚会上与陌生人进行的交谈，这种交谈总是令人感到棘手。良好的发展关系的交谈不能仅仅只停留在“你做什么工作”“你住在哪里”这样的问题上，而是要定义双方的关系，处理手头的问题。

寻求可能性的交谈

寻求可能性的交谈使交谈得到进一步发展：它进一步深化了第一阶段思维，提出了双方的着眼点是什么。

寻求可能性的交谈中，关键问题包括如下各项。

- 实际问题是什么?
- 我们真正的意图是什么?
- 这是个问题吗?
- 如何从不同角度看待这一问题?
- 能否从不同角度解读这一问题?
- 如何做到这一点?
- 若从别人角度看，这一问题是怎么样的?
- 这次跟上次有什么不同?
- 我们以前是否做过类似的事情?

- 我们能否将其简化？
- 我们能否将问题拆开来看？
- 这一部分是什么样子？
- 这一部分给人什么感受或看起来是什么样子？

寻求可能性的谈话的目的并不在于是否应该做某事，或者应该采取何种行动，而是寻找看待问题的新方法。

我们可以通过如下途径找到看待问题的新方法：

- 换个角度看问题；
- 对目前发生的事情从不同角度进行解释；
- 试图区分问题本身与你对问题的认识；
- 询问他人如何看待问题；
- 将问题分解为若干部分；
- 把问题的某一部分分离出来并仔细观察；
- 把问题与更广的思维网络相联系；
- 询问该问题是什么情况。它有什么特点？你有何感受？

寻求可能性的谈话可能会激发创造力：头脑风暴就是个好例子。但探寻不同的观点有可能引发冲突，爱德华·德·博诺（Edward de Bono）称之为“对抗性思维”。（稍后将会在第六章详细介绍。）

这不是作决定的时候。例如，如果你在主持一场会议，要鼓励人们提出想法，但也要提醒自己不应当轻易下结论或草率提出批评意见——无论针对其观点还是个人。特别要注意控制交谈的情绪，婉转询问对方产生这种感觉的原因。

寻找机遇的交谈

寻找机遇的交谈使我们进入第二阶段思维。

此类交谈主要包括如下问题。

- 我们从哪些方面采取行动?
- 我们能做什么?
- 基于何种可能性作为出发点?
- 哪些可能性切实可行?
- 我们给自己设定的目标是什么?
- 潜在的障碍有哪些?
- 如何得知自己已经获得成功?

这类交谈着眼于未来的行动，即从若干个可能性中寻找共同目标。因此，这种交谈是关于计划的。许多好的想法最终未能实现，正是因为人们没有绘制出通向机遇的路径。寻找机遇的交谈的目的就在于构筑这样的路径。你要对可能采取的行动从如下方面进行评价：资源、支持及技术。

评估是连接可能性与机遇之间的桥梁。你可以开始确立目标，设立里程碑，设置障碍并明确成功的标准。如何判断自己已经实现了某个目标?

倒推式规划通常会比预先规划更有效。回顾你的最初目标，它是否有所改变？将自己置身于心愿得偿的未来。这样的未来是什么样子？给你什么样的感受？那时发生什么？你如何筹划才能新观点的探索及发现。且争论使彼此情绪激动，从而影响到交谈本身的质量：人们往往忙于捍卫自身观点，神经紧张，身心疲惫，根本无暇寻求高质量的交谈。

推论的阶梯

“推论的阶梯”（ladder of inference，如图 3–2 所示）使谈话摆脱争论，它最初由克里斯·阿吉里斯（Chris Argyris）提出。他把人们在交谈中的思维方式比作梯子：梯子最底部代表观察，最顶端代表行动。

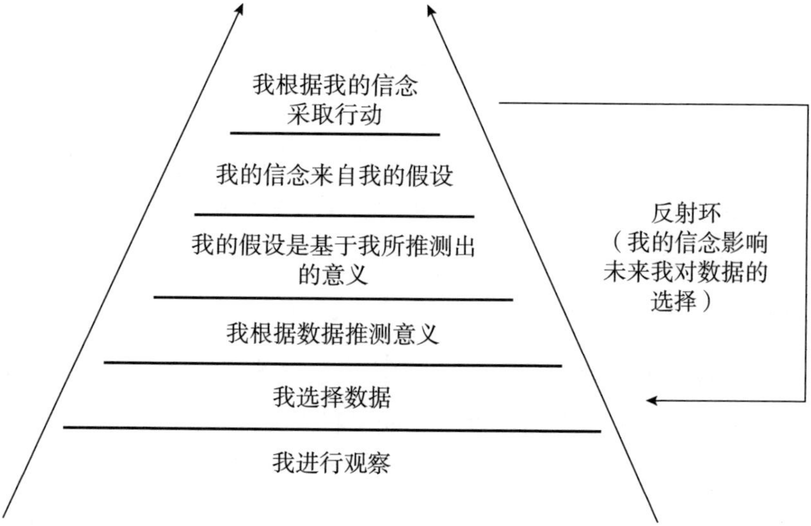

图 3–2　推论的阶梯

- 从观察出发，我们首先通过筛选“数据”登上第一个横档。（我们自己选择观察对象。）

实现这样的未来？通过倒推式规划，你能够简化计划并发现采取行动的新机遇。

旨在采取行动的交谈

在这类交谈中，双方就要做什么、由谁完成及何时去做达成一致。但要把机遇转变为行动不仅仅需要意见一致，双方还应许下承诺，即对于行动的保证。

在会面或会议尾声进行一次旨在采取行动的交谈很有必要。毕竟，如果交谈最终没有取得任何成果，那其意义何在？旨在采取行动的交谈可以平衡提出要求及做出承诺。若有必要，可一步步开展这类交谈。

如何开展旨在采取行动的交谈

1. 要求对方在某一时刻做某事。要明确表示这是请求，而非命令。命令可能产生立竿见影的效果，但很少能使人们全心投入。

2. 现在对方对你的请求可能有四种回答：

——他们可以接受；

——他们可以拒绝；

——他们可以承诺稍后会接受或拒绝；（“等××时我告诉你。”）

——他们可以讨价还价。（“我做不到那一点，不过我可以……”）

3. 双方进行谈判，直到对方做出肯定答复。“到××时我会做××。”

做出承诺的一方会使用这样的措辞。对此不要简单回复“好的，我会这样做”。如果对方具体说明他们会在何时做什么，并且如果他们亲自将其写下来，这样他们才更有可能去做。在会议结束时使用这一技巧取得对方采取行动的承诺。如果人们公开承诺会做某事并写下来，那么他们更有可能去兑现诺言。

只有按顺序进行，这四种交谈才能真正收到实效。每一次交谈的成功或失败都取决于上一次交谈是否成功。如果你这一次谈话出现障碍，问题就会以某种非语言形式延续到下一次谈话。例如，发展关系的交谈中如果出现问题，就会影响到寻求可能性的交谈，使之成为可能出现的冲突、隐蔽意图或“性格冲突”。未被我们探索的可能性最终也会变成白白流失的机遇，同样没有经过保证的承诺有可能会导致诺言最终无法兑现。

控制时间

交谈花费时间，而时间是一种完全不可再生的资源，因此准备交谈时及交谈过程中都应控制好时间。

控制准备交谈的时间

算算你有多少时间。不要想当然地认为时间不够，现实一些。如果有必要，提前约好之后的会面或在日程表上计划好下次会议。

控制交谈过程中的时间

大多数交谈在不同阶段速度不一。通常，有效的交谈在开始阶段进展缓慢，之后会逐渐加快速度，但这也没有固定的规律。

由于多种原因，交谈也许会进行得过快。矛盾的是，达成一致意见或意见相冲突都会使得交谈速度加快。双方可能过快制订了解决方案或者屈服于“群体思维”(groupthink，即大家想法一致，因为这样感觉放心)。或者，不同意见引发一场情绪化的争论。

反之，当我们发现被困在某一问题（或仅仅是关于此问题的某一个观点）上时，交谈速度会十分缓慢。当你听到他人不再展望未来，而是开始分析过去或偏离主题时，你就需要向对话注入新的活力。

当然，能够发现交谈速度变得过快或过慢，这本身就已经很好了，但我们该如何重新获得对交谈时间的控制呢？

<<< 练　习 >>>

用一上午时间监测你交谈的节奏。哪些交谈速度过快？哪些又过慢？在下午同样对交谈进行监测，但同时应该采取行动调整节奏。如果交谈速度过慢，对交谈要点进行总结，以便结束这一阶段的谈话；敦促对方采取行动或揣测对方说话的用意：“关于……是什么意思？”若交谈速度过快，可以尝试思考或转述对方的说话内容，而不要直接回答；或者提一些开放性的问题，即一些以英文字母“w”开头的问题，例如“为什么”（why）就是一个不错的问题；再或者通过简单停顿也可以放缓交谈速度。

寻求共识

最令人满意的交谈能让彼此都感觉已经达成共识。交谈开始时，双方都会从自己的思维领地出发，有着各自不同的观点；但交谈结束时，双方会发现彼此已经达成共识，可以并肩面对未来。为寻求共识，你可能需要转变立场并改变观点。交谈（或一同移动）是实现这一目标的方法。

我们向对方提出请求或给予对方许可，使这种转变得以发生。如果你想请求对方许可，进入其思维领地，你可以：

- 提出试探性问题；
- 用婉转的话语表达（“也许我们应该……”“我想……”“我认为……”“有可能……”）；
- 开口说话前稍作停顿；
- 频繁转移目光或低头看；
- 直接提出请求（“你是否介意我提到……”“我能否就……随便谈谈”）；

- 对于对方言辞及行为进行试探性评论。

在对方给出许可前不要继续。对方可能会直率地给出回应（“请直言”，“我真心欢迎您提出真实的想法”，“我不介意您那样说”），也可能会用其他方式表示，如点头、微笑或身体前倾等。

反之，拒绝也可以直截了当——“我希望你不要谈这些”，或者用其他形式表达。对方可能会逃避你的问题，给出模糊的回答或者反过来问你一个问题作为回答。他们的非语言行为更有可能暗示其真实感受：双手抱胸，身体向后靠在椅子上，焦躁不安及避免目光接触。

摆脱争论

当你询问他人对于某件事的看法时，他们很有可能会告诉你这件事存在哪些问题。人们总是认为探讨某个观点的途径只有支持或反对两种形式。或许是因为多数人读书时都学习过辩论，对抗性思维已植根于人们的头脑中。

“辩论”（debate，该词源自拉丁文，意为“打倒”）像一场口头的拳击比赛。根据辩论规则，如果我们能成功证明来自他人的反对意见是错的，则可说明自己的观点是正确的。甚至有时不需要证明别人的观点是错误的，而只需要对提出这一观点的人进行嘲讽或抨击，也能说服别人相信你的观点的正确性。（通常被称为“人身攻击的谬误”。）

但不管在多么正式的场合下进行的争论，都阻碍了人们对于

- 在第二个横档上，我们根据对类似数据的过往经验揣测其“意义”。
- 在第三个横档上，我们将上述意义概括为假设。
- 在第四个横档上，我们根据假设构建心智模式（或“信念”）。
- 我们根据心智模式采取行动。

交谈时，我们总会在梯子上上下移动。相比于向下移动，我们更擅长向上移动。事实上，我们还有可能在数秒内向上跳过所有横档。这种“跳跃式推论”（leaps of abstraction）使我们能够迅速采取行动，但同时也会限制交谈的范围。更令人担忧的是，我们的心智模式帮助我们在梯子上向下跳，从对未来的观察中选择数据，因此进一步限制交谈的范围。阿吉里斯称之为“反射环”（reflexive loop），也可称作思维定式。

推论的阶梯给我们提供了更多选择，帮助我们决定在交谈中该何去何从。它放慢我们的思维，使我们可以：

- 更清醒地意识到自己的想法；
- 使他人能了解到我们的想法；
- 询问他人的想法。

最重要的是，推论的阶梯能让我们从“梯子上走下来”，抛却个人的信念、推测及意见，“重新登上梯子”，拥有共同的目标及信念，最终平息对抗性思维。

运用推论的阶梯的关键在于提出下列问题。

- 你所说的话的支撑数据是什么？

- 我们能就这些数据达成一致吗?
- 我们能就这些数据的含义达成一致吗?
- 你能否给我介绍下你的推理过程?
- 当你说“某某话”时，你的意思是“我所说的意思”吗?

例如，若我们之中有人提出一系列的行动，另一人可以通过提出下列问题谨慎地爬下推论的阶梯。

- “你为什么认为这个可能有效？”“为什么这是个好方案？”
- “你认为你会做出怎样的推测？”“你是否考虑过……？”
- “这会对……有何影响？”“是否意味着……？”
- “你能否举个例子?”“是什么让你特别注意这一点的？”

更重要的一点是，推论的阶梯可以帮助我们呈现自己的想法供对方检验。如果我们正在提出行动方案，可以问下列问题。

- “你认为我的想法有什么问题吗？”
- “你能否变换角度看待这一问题？”“你如何将它们整合到一起？”
- “在不同情况下，这是否会有所不同？”“我的推测正确吗？”
- “我是否有遗漏之处？”

该模式的优势在于，你无须经过特殊训练就能运用。作为一种很实用的方法，你可以马上投入使用并挽救即将沦为争论的交谈。

<<< 练　习 >>>

在纸上画出推论的阶梯，在每个横档处写下若干上文提到过的问题，并把纸放在钱包或书包等你容易找到的地方。下次与人交谈时，若发现意见不合，拿出这张纸，有意识地“爬上”或“爬下”推论的阶梯。提出问题，验证假设，展示你的思维环节并要求对方说明其思维环节。看看交谈会向何处发展。接下来，回顾推论的阶梯在交谈中作为一种工具是怎样发挥作用的。

常作总结

总结有助于我们完成本章中所讨论的其他全部环节，总结使我们能够阐述自己的目的并确认双方目的是否一致；有助于我们梳理会话，并确认我们在第一阶段思维与第二阶段思维中的进展；同时也有助于我们更有效地控制时间，寻求共识和化解争论。

总结不是简单重复对方所说内容，而是用自己的话重新解释他人的观点。这包括：

- 认可对方提出的要点；
- 欣赏对方讲话的立场；
- 理解由此立场而形成的信念。

认可别人的话并不代表同意其内容，只是表明你在认真考虑他们说的话。欣赏对方的感觉不意味着你有同感，但的确表明你承认对方的感受。理解对方的信念也不一定表示你有同样的信念，但说明你尊重它。这些都表明，总结有助于共同解决问题。

使用视觉手段

很多交谈会用到视觉元素。观察坐在餐厅或酒吧聊天的人们，注意看他们的手势和面部表情如何丰富其语言内容。此外，还有很多方法可以使我们的思维可视化，在一张纸上草草记下交谈的要点，使用活页纸涂画或制作幻灯演示，我们也可以构建模型或向他人展示某物是如何运作的。最有效的视觉手段是让我们说的话在听者脑中产生相应的视觉图像。

把观点记在纸上

通常，这种做法对于交谈（尤其像会议这样的集体谈话）会很有帮助。随手记下的图案、图画或涂鸦都会帮助我们倾听、总结并理解所讨论的内容。这些也可以成为交谈的中心：当人人都能看到彼此的思维时，思考会变得更加高效且有力。

思维导图（mind map）是使思维视觉化的有效途径，特别是能帮助我们进行第一阶段思维——联系不同观点，从而鼓励我们寻求看待事物的新方法。思维导图在记录思维的同时，也可以改善思维。

先在相对简单的交谈中尝试使用思维导图。使用思维导图记录一段电话交谈，检查自己使用思维导图的熟练程度。然后将此技巧应用到面对面交谈中，请别人观察并协助绘制导图。思维导图是会议的有效辅助工具，因为此时交谈的动态变化更为复杂。很多经理都使用思维导图记录会议，或作为会议记录的提示。

<<< 练　习 >>>

当你需要对一个项目、报告或演示整理相关思路时，可用到以下练习。

- 在一张纸中间画出主题的视觉图像。
- 记下头脑中所想到的与这一中心主题相关的所有内容，不要修改或限制任何观点，所有想法都有潜在用途。
- 沿着从中心向四周辐射的线条，用大写印刷体写下单词。

主要观点靠近图形中央，细节问题向边缘扩展。

每条线至少需要与一条其他的线相连。

运用视觉展示方法：颜色、图案、标记等。

找出你创建的一组组观点。如果你愿意，你还可以给每组设置标题并编号。

运用隐喻

隐喻（methaphor）是以具体形式呈现出的观点。隐喻一词是指“迁移”或“转移”：是通过把某个事物比作另一个事物来说明你的意思，使听者能以全新途径认识它。隐喻是运用想象力来支撑并发展你的观点。

在不知不觉中我们运用了大量的隐喻。如果你想扩展对于隐喻的使用，可以先在日常交谈中留心隐喻的使用。

<<< 练　习 >>>

下面的练习可以让你在思考问题时有效拓展思路，尤其是在思路停滞不前、完全找不到任何解决办法时效果更为显著。

- 首先写下问题。可用陈述句写下问题出现在哪里，或者用“如何……”的句式。

  例如，问题可以是“团队协作进行得不太顺利”或“如何帮助团队更好地协作”。

- 现在问问自己如下问题。

  ——问题是什么样的？

  ——假如这是另一种情形，如板球比赛、一座中世纪的城堡、火星上的任务、一所幼儿园，那我该如何处理？

  ——其他人会怎样处理这一问题，如园丁、政客、工程师、理发师或演员？

  ——这种情形给人什么感觉？

  ——假如把这个问题比作一个动物，会像哪种动物？

  ——像描述自己身体一部分那样描述这一问题。

- 现在努力寻找你所用到的隐喻与问题本身之间的联系。隐喻对于未来的行动意味着什么？

为找到这些隐喻你可能需要放慢交谈节奏。当你找到一个恰当的隐喻时，你就会意识到。(此处“找到”是隐喻。) 因为这时交谈就像突然着火了。(这也是个隐喻！) 在你意识到你正以一种全新的方式看待问题时，你会感觉自己被注入了能量 (此处为第三个隐喻)。

<<< 要点总结 >>>

- 七种策略有助于改善交谈，且已被证实有效可行：

——阐明目的；

——建立思维框架；

——控制时间；

——寻求共识；

——摆脱争论；

——常作总结；

——使用视觉手段。

- 为了阐明目的，你应当：

——在交谈一开始就说明目的；

——提问：是要探索问题还是要寻找解决办法？

- 建立思维框架：

——使用第一阶段思维及第二阶段思维；

——在如下方面展开交谈：关系、可能性、机遇和行动。

- 为控制时间，你应该：

——控制准备交谈的时间；

——控制交谈过程中的时间。

- 为寻求共识，你应当：

——征求对方许可，以进入其领地；

——给予他人许可，准许其进入自己的领地。

- 为摆脱争论，你应该：

——使用推论的阶梯，用以检查对方思路；

——使用推论的阶梯，邀请对方检查你的思路。

- 总结：

——在交谈开始时进行总结；

——在交谈之中有规律地进行总结；

——在交谈结束时进行总结。

- 使用视觉手段：

——记录你的想法；

——使用思维导图；

——使用隐喻。

第四章

询问的技巧

集中注意力
平等对待讲话人
营造宽松的环境
鼓励
提出有价值的问题
限定信息量
给予正面反馈

询问的技巧一定程度上讲就是倾听的技巧，而倾听的质量决定着交谈的效果。

斯蒂芬·科维（Stephen Covey）有一句著名的话："先寻求理解别人，再寻求被人理解。"只有在了解别人的观点之后，你才能对其做出正确、全面的回应。也只有找到对方的思维方式，你才能说服别人按照你的方式进行思考。

娴熟的询问技巧对发言人同样有帮助。真正全神贯注地倾听能够帮助他人更好地思考。

我将询问的技巧归纳为如下七条：

- 集中注意力；
- 平等对待讲话人；
- 营造宽松的环境；
- 鼓励；
- 提出有价值的问题；
- 限定信息量；
- 给予正面反馈。

掌握上述技巧有利于你给予他人应有的尊重与空间，从而更好地拓展其观点，使之思维更加清晰。

集中注意力

作为最能向他人展示敬意的事情之一，集中注意力是指集中精力倾听他人讲话。听起来很简单：人在倾听的时候怎么会精力不集中呢?

实际上，我们经常会这么做。南希·克兰（Nancy Kline）在她的著作《是时候思考》（*Time to Think*）一书中阐述得很清楚：

> 我们以为自己在听，可是实际上并没有。我们会接话、插话、抱怨。别人停顿时，我们会插进自己的经历。我们不时地看手表、叹气、眉头紧锁、手指敲着桌子、看报纸或是干脆走开。我们不断地提出一个接一个的建议。

真正的倾听是指停下自己的思维，允许他人的思维进入我们的头脑中。

集中注意力有助于讲话人想到新的观点并将之表达出来。如果我们给予对方适当的注意力，讲话人会变得更善言辞。反之，讲话人则会语无伦次、优柔寡断。我们的注意力分散会使他们看起来更迟钝，而密切关注则会使他们更为机敏。

不要操之过急。调整自己的节奏与他人保持一致，让自己多一些耐心去等待。当他们再也想不到其他要说的内容时，你可以问：“对此你还有别的看法吗？你还有其他能想到的事情吗？你还想到了什么？”主动邀请对方说更多内容，这样即使对方大脑再疲惫，也能恢复活力。

插　话

插话是注意力不集中最明显的表现。有时我们很难做到不插话，头脑中似乎总有一个恶魔迫使我们在他人说话停顿时插上几句——似乎我们无法忍受可怕的沉默。

多数时候，插嘴是因为我们头脑中在作假设。下次你在谈话中打断他人时，不妨问问自己所作的假设属于哪一种：

- 我的想法比对方的好；
- 答案远比问题重要；
- 我得尽快说出我的想法，如果不打断他我就失去机会了（或忘记了）；
- 我知道他们接下来要说什么；
- 他们不需要说出整个句子，因为我所改写的内容是他的内容的改进；
- 他们已无法进一步完善这一观点了，不如我来替他们改进；
- 我比对方重要；
- 与其让对方说完，不如让他们感觉我的观点更胜一筹；
- 插话能节省时间。

当你自以为知道对方要说什么时，你的推测通常是错误的。如果允许对方继续，他们的内容通常会更有趣、更生动、更个性化。

<<< 练　习 >>>

下次与同事进行交谈时，有意记下你们彼此打断对方的次数。交谈结束后，统计两项总和。这一数字表明了什么？这其中有多少次插话是有用或必需的？（并非每次插话都毫无益处。）

允许沉默

一旦你不再插话，交谈会变得更加沉默。此时就会出现停顿，即对方不再说话而你也不会去打破这一沉默。

将这些停顿看作是交谈之旅中的十字路口。关于下一步走向哪里，你们有很多选择，双方都能做出选择。如果你想由倾听者转为说服者，你要做出选择。但是如果你在询问对方，那么你把选择权给了发言人。

停顿分为两种：一种是有内容的停顿，另一种是无内容的停顿。要学会区分两者。

有些停顿中伴有思维活动。有时发言人可能会突然停下来，目光看向别处，可能是远方。此时的他们就像在忙着远足，而你并未被邀请同行。但他们希望再回来时，你仍在原地等待。因为他们相信你会等待，这是你的殊荣。所以，保持等待。

另一类是无内容的停顿，什么都没有发生。发言人并不是突然停止讲话，而像是在慢慢消失。你们彼此都站在交谈的十字路口，谁都没有动，交谈的劲头似乎在逐渐退去。讲话人的目光没有聚焦在任何事物上。如果你的陪伴使他们感觉良好，他们的目光就会聚焦在你身上，暗示由你决定接下来做什么。

出现停顿时要耐心等待。如果停顿是无内容的，讲话人很可能不久就会说："我想不到别的了。""就是这样了，真的。""好了，就这么多了，我不知道说什么了。"你可以试着问问："你再想想还有别的吗？"如果对方准备好让你带头交谈，那需要你提出问题，给出建议。

表明你在集中注意力

能让你看起来注意力集中的最好方法，实际上就是集中注意力，但有时我们需要刻意对之进行练习。从目光开始：倾听时，练习直视对方，并且注意目光何时从对方身上移开。一般说来，人们在倾听时，目光接触总是不够多。

努力增加目光接触对交谈双方都有好处。你越是能够全神贯注地看对方，那么实际上你越会对他所说的内容给予更多关注。（讲话人可能会时常转移目光，人们在思考要说什么时也常会这样。）放松面部肌肉——不要皱眉或强装笑脸，同时使用轻微鼓励（之后在"鼓励"一节中，会对此有更多介绍），但重点仍是要注意目光的运用。

注意，专注的目光有时也会限制讲话人。在一些文化中，注视等同于瞪眼，是不尊重人的表现。你应该对不同人或文化差异保持敏感，并适时调整自己的目光。

平等对待讲话人

只有和讲话人平等相处，你的询问才能有良好效果。如果认为自己的身份高人一等，你就会阻碍他们顺利地进行思考；如果认为他人高你一等，你的拘束感也会使你无法集中精力。

交谈中对平等关系最大的威胁，就是对讲话人摆出一副高人一等的架势。这种错误的交谈方式源自我们幼年时期他人对待我们及之后一些人对待孩子的方式。有时，孩子就应该被以孩子的方式对待。我们需要：

- 为其做出决定；
- 指导他们；
- 告诉他们做什么；
- 认为大人比孩子知道得多；
- 替他们操心；
- 照顾他们；
- 控制他们；
- 替他们考虑事情。

有时，我们把这种高人一等的待人方式运用到了与成人的对话中。当你认为自己比对方懂得多，可以给他们提供答案，或提示对方他们的思考不周全时，你就是在摆出这种架势。你无法做到既摆出高人一等的态度，同时又密切关注对方。

与对方平等相待，你就不会以高人一等的姿态对待他们。

营造宽松的环境

好的想法产生于宽松的环境中。因为营造宽松的环境能够使你的询问更加深入，继而发掘更多想法。人在放松时，问题的解决方案有时会奇迹般地自己跳出来。

很多人不习惯在工作场所放松。他们已习惯紧迫感，无法想象其他的工作环境。许多企业也认为放松等同于懒惰。迫于工作最终截止日期的压力，且同时需要处理 50 个任务，这时如果你不竭尽全力去工作，你就很可能得不到这份工资。有时人们认为最佳的想法产生于这样的环境之中。

然而事实并非如此。紧迫感使人无法充分思考，他们只能忙着完成任务。毕竟，完成任务才能收到成效，不是吗？实际上，并非如此，尤其当人们需要思考才能收到成效时。有时，只有“无为”才能取得最佳效果：带着机敏、舒适且放松的心态去关注他人的想法。

营造宽松的环境主要是一种行为技巧。你不一定需要先让自己感觉放松，才能给他人营造宽松的环境。（例如，面对持枪威胁你的人，你该说什么？）你可以缓缓呼吸，调整讲话节奏，降低音量，换一换音调。消除干扰因素：拔掉电话线、关上门、找到一处安静且舒适的地方（可能需要离开办公室）。腾出时间。若时间不合适，推迟交谈直至时间允许，这样更易于营造出宽松的环境。

鼓　励

为了使别人能够自由思考，你要做的不仅是集中注意力，平等对待他人和营造宽松的环境，你还需要积极鼓励对方，使其表明自己的观点。

这里我们要回到第一章所讨论的关键问题：我给对方造成了什么影响？讲话人的思维很大程度上是你影响的结果。因此，假如你：

- 建议对方改变主题；
- 在未听对方见解之前，试图让他们相信你的观点；
- 针锋相对地回答对方的话；或者
- 怂恿对方与你对抗。

那么，你并不能鼓励对方拓展思维，这种询问方式也不恰当。

鼓励最大的威胁之一是竞争。人们很容易利用对方的观点阐明自己的想法，这是对抗性思维带来的习惯。

竞争会使人们只考虑那些有助于自己获胜的观点。如果讲话人认为你在与他竞争，他不仅会限制自己讲的话，还会限制自己的想法。反之，如果你认为讲话人在试图与你竞争，不要让自己参与进去。借助于推论的阶梯（参见第三章）这个有力工具，化解交谈中的竞争情绪。

不要竞争，而要欢迎不同的见解，继而试图找到共同立场。（请参考第三章。）

<<< 轻微鼓励 >>>

轻微鼓励（minimal encouragement）是指简洁且具有支持性的行动，通过轻微鼓励可以使讲话人明白，你希望他们继续。其中包括：

- 语气词“哦”“嗯”；
- 词汇及短语：“对”，“真的吗？”“我知道了”；
- 重复性词汇。

以及行为：

- 身体前倾；
- 目光注视对方；
- 点头。

轻微鼓励能在不打断对方的前提下向其表示支持。它能表明你的兴趣所在，无论是针对总体或是针对发言人所说的某一点。但要注意：轻微鼓励可在无形中影响讲话人，促使对方投其所好，去说他们认为你想听的内容，而不是他们想讲的内容。而且，如果使用不当，会让对方认为你已不耐烦或在做毫无意义的动作。

提出有价值的问题

问题是询问的中心，这显而易见——“询问”的意思就是提出问题。

不过当然，问题的功能不仅仅是询问：我们可以通过问题引发讨论或让自己看起来很聪明。问题可以是经过伪装的观点；我们可用以批评、嘲笑或羞辱对方。

提问并非总是合乎礼节的行为。我们可能会放弃提问，是因为担心挑战权威或是让自己看起来很愚蠢。在有些企业中，人们从来不会提出问题。塞缪尔·约翰逊（Samuel Johnson）曾说过："提问不是绅士的交谈方式。"

最好的问题可以打开发言人的思路。一个问题若能促进对方思考，启发观点或是阐明想法，那么这就是高质量的问题。因此，可以借助问题：

- 找出事实；
- 验证你的理解；
- 帮助他人加深理解；
- 请对方检查你的思路；
- 请求行动。

我在此有全套的问题来帮助你的询问更加充分。具体来说，我们可使用如下六种类型的问题：

- 封闭式问题：只能用"是"或"否"回答；
- 引导式问题：给对方提供答案；
- 控制式问题：帮助你掌握交谈主动权；
- 调查式问题：基于以往的问题，或是进一步挖掘；
- 开放式问题：无法使用"是"或"否"来回答；
- 反射式问题：复述上一句话，但不提出新要求。

回想一下第三章中的推论的阶梯。它能提供各种类型的问题，你也可以用它请对方向你提问。

有一种问题尤其有力，它能消除阻碍思维的假设，从而打开讲话人的思路。此类问题的句式为“如果……会怎么样？”

你可以先猜测发言人会有怎样的假设，继而提出问题。你或是问“如果这个推测不正确，会怎么样？”或是问“如果与之相反的假设是正确的，会怎么样？”

第一类问题包括如下例子。

- 如果你明天成为总裁，会怎么样？
- 如果我不是你的经理，会怎么样？
- 如果你可以不受限制地使用设备，会怎么样？

第二类问题包括如下例子。

- 如果你没有预算限制，会怎么样？
- 如果顾客蜂拥而至，会怎么样？
- 如果你知道自己对公司的成功至关重要，那会怎么样？

<<< 练　习 >>>

下次准备调查谈话（考评面谈、项目最新情况报告等）时，先将你可能要问的问题列出来。每种类型至少应有一个问题：封闭式、引导式、控制式、调查式、开放式、反射式及“如果……会怎样”的问题。基于交谈的方向，考虑上述问题可按照何种顺序排列，有没有其他替代问题或潜在问题。

人们头脑中总会有两种根深蒂固的假设，使思维拓展受到限制：一种是认为自己没有能力考虑周到或有所成就；另一种是认为自己不应该有能力考虑周全或有所成就。提出高质量问题有助于你鼓励别人克服这些限制，成为出色的思考者。

限定信息量

信息就是力量。对信息秘而不宣是一种使用权力的表现，使你比他人更有优势。但提供过量信息也会干扰询问的效果，因为这会妨碍他人有效思考。因此，在询问中，限定自己的信息量确实很有必要：

- **不要插话**　等讲话人说完再提供新的信息，不要在对方说到一半时插话；
- **安排插话时间**　问问自己何时才是提供信息的最佳时机；
- **筛选信息**　选择你认为能改善对方思路的信息，避免提供与对方思路不相符的信息；
- **不要为了炫耀而提供信息**　你可能很想提供信息以证明自己有多内行或与时俱进，但务必要控制这样的冲动。

要求对方提供信息时，你也可以控制其信息量。要选择恰当的时机，合适的理由，最好让讲话人先理清自己的思路然后再要求他做总结，不能一直用问题来打断对方。

给予正面反馈

我们根据反馈确认询问是否有效，但反馈的作用不仅如此，它还有助于我们做好准备，将交谈模式由询问转为说服。此外，它还有助于结束交谈，总结你针对讲话人所说内容做出的回复，并且为开展旨在采取行动的交谈奠定基础。

仔细选择给予反馈的时机。若不确定，可向对方询问此时能否开始做出反馈或讲话人是否要继续。可以问问：

- 是否可以给出反馈；
- 讲话人如何看待总体形势；
- 讲话人认为什么是关键问题。

此后你才可以开始给出自己的反馈。

真实、简洁且具体的反馈是最佳的。如果给出虚假反馈，对方很可能会注意到；如果反馈冗长，对方会质疑你是否诚实；而反馈信息过于笼统，对方会不知从何下手。

平衡欣赏与批评

反馈分为两种：正面反馈与负面反馈。二者有明显区别：正面反馈告诉对方我们喜欢什么，而负面反馈则是我们不喜欢什么。

显然这两种反馈会产生不同结果。正面反馈鼓励对方进一步思考，而负面反馈则可能限制对方的思考。同时，正面反馈也可以鼓励讲话人重视其自身思考，负面反馈传递给对方的信息是他们的思考毫无价值。

人们总认为负面反馈比正面反馈更现实。“现实一些”，我们可能会这样为负面反馈开脱。同时认为正面反馈（即告诉对方我们喜欢某个观点）是幼稚的而且过于简单。在批判性思维方面，我们有着数年的培训及经验，这些都教会我们不要对支持或喜欢的事物进行评论。

但实际上，现实的积极面无疑与其消极面一样实际。向负面反馈中加入正面反馈不会让我们对于现实产生曲解；反之，更有利于人们认清现实。

你可以问问自己“这个想法好在哪里”，从而去发现正面反馈的来源，甚至你也可以问讲话人同一个问题。从答案中你总能发现之前未注意到的东西，这便形成了正面反馈的基础。

把负面反馈变为正面反馈的第二种方法是使用“如何……”的句型。例如，如果你想说“我们只是没有资源去做这件事”，可以换个说法重新提问，“我们如何利用现有资源完成这件事”；如果你想说“你还没考虑好这件事”，可以改问“我们如何能更全面地落实这一想法”。

“如何……”，这简单的两个字会对反馈质量产生神奇效果。

<<< 练　习 >>>

花一天时间记下你对他人观点的回应。其中有多少评价是负面的（或换句话说，有多少评价是在表达你不喜欢某事或你认为这一观点存在问题）？又有多少评价是正面的（在表达你喜欢某个想法或你认为这一观点有不错的方面）？如何将负面评价转变为正面评价？例如，能否将批评改为“如何才能……”之类的问题。

<<< 要点总结 >>>

- 询问的关键技巧有七条：

——集中注意力；

——平等对待讲话人；

——营造宽松的环境；

——鼓励；

——提出有价值的问题；

——限定信息量；

——给予正面反馈。

- 为了集中注意力，需要：

——倾听；

——不要插话；

——允许沉默；

——表明你在集中注意力。

- 为了平等地对待讲话人，你需要：

——平衡发言与倾听；

——不要告诉对方该说什么；

——不要认为你比对方更理解他们要表达的意思。

- 为了营造宽松的环境，你需要：

——找到时间；

——创造空间；

——摆脱干扰。

- 为了鼓励对方，你需要：

——不要在交谈中对抗；

——研究观点的不同之处；

——使用轻微鼓励。

- 提出高质量的问题可帮助你：

——找出事实；

——验证你的理解；

——帮助他人加深理解；

——请对方检查你的思路；

——请求行动。

- 为了限定信息量，你要做到：

——不要插话；

——安排插话时间；

——筛选信息；

——不要为了炫耀而提供信息。

- 为了给予正面反馈，你需要：

——平衡欣赏与批评；

——假设对方的目的具有建设性；

——就细节给出反馈。

第五章

说服的技巧

人品、逻辑与情感
主要观点是什么
整理观点，使之合乎逻辑
表达观点
牢记观点
有效传达

人们对于说服力的需求始终居高不下，任何能够赢得他人心智的人都是炙手可热的。如果说沟通始于理解，那么它肯定是以说服作为结尾。

数千年来，这一神奇的技能始终是人们研究的对象，古希腊人称之为“修辞学”——现存最早的关于修辞学的指南来自亚里士多德。在中世纪及文艺复兴时期，修辞学是欧洲各大学校的核心课程；例如，修辞学的训练为莎士比亚的杰出才华打下了坚实的基础。

如今，学习修辞学的人寥寥无几，但这一伟大的传统仍在影响及说服他人方面给予我们诸多指导。让我们再次回到那个问题上——我给他人带来了什么影响？修辞学指导我们如何运用各种不同的影响。

特别是修辞学向人们展示了说服会在有意识及无意识中同时进行。人们可将无意识的部分叫作“影响力”。万斯·帕卡德（Vance Packard）在其 1957 年的畅销书《隐形的说客》（*The Hidden Persuaders*）中研究了广告及媒体上的潜意识影响。最成功的说服总是包含着大量的影响。

人品、逻辑与情感

亚里士多德认为，说服包含三种技能。发言人可通过建立良好的名望，使用逻辑及激发对方情感三种方式吸引听者（古典修辞学中，发言人基本都是男性）。众所周知，亚里士多德将这三种方式命名为人品诉求（ethos）、理性诉求（logos）与情感诉求（pathos）。这是他在写到演讲者时提到的，这位哲学家笔下的演讲者包括政客、律师及面对希腊大众发言的将军。但这一模式对于会议上发言的经理或回答客户来电的电话咨询团队具有同样的指导意义。

人品（人品诉求）

我们总会相信那些他人认为“人品好”的人——我们信任或尊敬的人。人品诉求是建立这种信任并形成尊重的技能。关键问题是：为什么听者要相信你说的话？

亚里士多德认为人品诉求本身包括三项技能：

- **表明你与听者价值观相同**　若你能证明自己的信仰、最关心的事及态度与听者相符，他们就会把你当作自己人；
- **向他人展示实际常识**　表明你了解实际生活中事情是如何运转的，并且书本上的知识在实际应用中并非总是有效的。选择中庸，拒绝极端；
- **向他人表明，你个人对于所主张的观点投入很多**　其中包括为促使这一主张成功你做了哪些事情，最好说明你为此做了哪些牺牲。

<<< 练 习 >>>

下次准备向经理或团队介绍案例时，将自己的论点简明扼要地写在一旁，同时写明面对说服对象，你是如何提升自己人品诉求的。你如何表明自己与他人价值观相同？你如何展示常识及中庸温和的性格？你如何证明你对于自己的建议所做出的个人承诺？

逻辑（理性诉求）

逻辑显然不是潜意识的影响，而是理性思维的产物。通过使用理性诉求，我们可以判断听者的推理能力。通过举例，我们能形成论点，并创造理由支持该案例。逻辑将原因与案例联系在一起。

但很显然，逻辑是有意识且理性的。每个论点都是基于假设产生，且根据定义，这些假设都是无意识的。如果听者并不了解你提出的论点所依据的假设，你就无法由此产生有逻辑的推论去说服他们。（关于“逻辑”，本章稍后会有更多介绍。）

激情（情感诉求）

听者中有部分人无法被逻辑论点说服，而情感诉求可以吸引这部分人从而达到说服的目的。情感诉求是对情绪的吸引。情绪促使人们不假思索地采取行动：这就是为何人们受感情支配时会说我们被感动了。

要想说服他人，必须考虑到听者的感受。你可能觉得这样做是在操纵他人或不诚实，但毫不顾忌情感因素会让人觉着冷酷、不近人情。（在电影《星际迷航》中，斯波克先生在试图说服队友采取理性行为时一直存在这样的问题。）说服的目的是激起听者的感受，这种感受要与我们对他/她的行为期待相匹配。

情感诉求不仅可以激发情感，任何能在潜意识中影响听者的事物都是情感诉求的一部分。（本章稍后在关于“表达观点”一节中会介绍情感诉求的能量。）

<<< 影响力的六大原则 >>>

罗伯特·恰尔迪尼（Robert Cialdini）教授在其畅销书《影响力：说服的科学》（*Influence: The science of persuasion*）中将影响力分为六种模式，且都是在潜意识中进行的，其中任何一种影响力都能提高我们的情感诉求。

- 互惠（Reciprocity）：传统的给予、索取（及再索取）

  人们有强烈的冲动去回报他人对我们的恩惠。给听者一份小礼物，或是做出让步，他们会很感动并按你的想法去做。

- 权威（Authority）：教化下的敬重

  我们容易被公认有权威的人所说服。（此处情感诉求与人品诉求产生碰撞。）

- 稀缺（Scarcity）：少即是多

　　我们总是竞相追逐自认为短缺的事物，同时，失去某物的担忧要比得到某物更能激发人们。向听者指明他们有可能会失去的事物，以激发其产生情感共鸣。

- 一致（Consistency）：表里如一

　　我们希望被当作言行一致的人，因此结合某人过去的言行，告诉他你想让他做什么。

- 社会认同（Alignment）：我们就是真理

　　人们总是会受周围人的感受与行为所影响，并与其保持一致，因此说服一个群体要比各个击破更易成功。

- 喜好（Liking）：我喜欢你，因为我们相似

　　我们大多数人总是更容易答应自己认识和喜爱的人所提出的要求。努力发现你与听者之间的相似之处：行为、语言甚至可以是穿着。

（可使用英文字母RASCAL帮助记忆这六种模式。）

如果你想说服他人，人品诉求、理性诉求与情感诉求三者缺一不可。说服的过程包括五个关键因素：

- 识别核心观点；
- 有条理地整理你的观点；
- 使用合适的语言风格；
- 记住你的观点；

- 使用语言或视觉手段及非语言行为表达观点。

主要观点是什么

你想说什么？单一的观点要比一组观点更易说服听者，因为单一的观点更容易被人记住。

花些时间找到这个主要观点。在大脑中演练交谈的情景，并把你要说的记下来。现在问三个问题：

- **“我的目的是什么？”** 我想达成什么目的？我想看到什么结果？
- **“我的说话对象是谁？”** 我为何与此人就该目标进行谈话？他们现已知道了什么？他们仍需要知道什么？我想让他们知道什么？什么样的观点更容易说服他们？
- **“我需要向对方说明的最重要的事情是什么？”** 如果我只有几分钟时间，我该说什么？如果你只有短短几秒钟时间阐明自己的观点，你该怎么办？［电影制片人称之为“电梯游说”（the elevator pitch）。想象你与听者在电梯里相遇，只有电梯到达楼层前短短几秒钟的时间该如何交谈。］

尽量使用单句。想要表达一个观点，你必须用到句子。这个句子是否能够清晰连续地表达你的观点？

现在检验你的主要观点。如果你向对方说出这个句子，他们会问你问题吗？如果你在主张某一观点，听者给你的反馈很可能是“为什么？”

你需要让听者准备好接受你的主要观点。为了“将对方带入你的思维方式”，你需要将他们引入特定背景中、设置情境或使其精力集中。这就意味着要做些潜意识层面的影响：运用一些人品诉求或情感诉求。

讲故事是一种可以把这一切整合起来的有效方法。比利安娜·斯科特（Biljana Scott），在其为Diplo组织所写的论文中阐述得很清楚：

> 虽然希腊语中把情感诉求定义为“为达到说服目的而对感情的吸引”，但其同时也包括想象力，认同感及患难与共感（“情感诉求”既指“苦难”也指“经历”），这些都是一个扣人心弦的故事必不可少的因素。

下面是一个由处境、问题、疑问与回应构成的四点框架，你可以用来构建这一故事。为便于记忆，我将以它们的英文单词首写字母称其为SPQR（和罗马帝国标志一样）。

处 境

简要地向听者介绍一些他们已知的信息，表明你理解他们的处境（situation），而且也欣赏其见解。（此时人品诉求在发挥作用。）同时也表明你与对方站在同一立场。（此处用到了情感诉求。）把处境陈述的作用当作故事开头的“很久以前……”，这种交代情景的方法为故事下文做好了铺垫。

问 题

现在找到该处境中出现的问题（problem），这一问题使得情境变得复杂：它使局面变得紧张，若非如此你便无故事可讲了。

与处境不同，问题对于你的听者而言是新信息且应当引起其注意。这是他们需要知道的，并且这的确是他们的问题。

问题形式各异，有大有小。它们可能会使事情出现障碍或遭受威胁，也可能使事情发生改变（或未被改变）。我们可能不知所措，或者面对一系列选择必须做出决定。

此时不要忘记情感诉求。消极问题使人产生恐惧或担忧，而机遇则让人心情激动。

疑 问

问题可以使听者提出疑问（question）。你想让对方提出什么疑问？想必是那些有助于你传达主要观点的疑问。在讲故事时，选取最有可能促使听者提出该类疑问的故事。

回 应

你对于疑问的回应（response）就是你的主要观点。听者应该已经准备好考虑你的这一观点，因为这回答了他们所提出的疑问。

处　境	问　题	疑　问
稳定、被认可的现状	已经出问题了	我们怎么办
	可能会出问题	如何制止
	已经出现变化	如何适应
	可能出现变化	如何做准备
	已经出现新情况了	能做什么
	某人有不同观点	谁是对的
	我们不知该怎么做	我们怎么办（或）
	我们可以做几件事情	如何做出选择
		该选哪一个

SPQR是典型的讲故事模式，已广为人知，管理咨询人员常在介绍提案摘要时用到这一方法。这一模式的技巧就在于快速讲完故事，而不要在细节上纠缠不清，重点关注能吸引听者的地方。你是在影响听者，而非说服他们。通过思考听者已知信息、价值观、最关心的和担忧的事，从而始终吸引他们的注意力。

整理观点，使之合乎逻辑

逻辑使得观点与论点相结合。常见的论点基本包括三个因素：

- 主张（你主张的观点）；
- 原因（支撑该观点的陈述）；
- 及“因为”（because）一词。

单单一个“因为”就将论点中所有的逻辑连接在了一起，甚至论点的逻辑也存在潜意识的因素。

寻找依据

论点都是基于假设而成，发现并对此类假设进行验证是形成说服性论点的关键步骤。

这里我们举一个简单的例子并进行分析。如果你说“多吃蔬菜，因为这对你有好处”，那么“因为”之前的话语是你的主张，之后的是你的原因。

该论点说服性有多强？这取决于你的说服对象。

任何论点中，假设都是主张与原因之间联系的基础。如果我们赞同“人们应始终做对身体有益的事情”这一假设，那么我们就会很容易接受下列论点：我们应该多吃蔬菜。比如，医科学生可能也会认可这一观点，但却要求提供蔬菜确实有益身体健康的证据；反之，儿童可能无法理解上述假设，因此对他们而言这个论点很可能是无效的。

这种基本假设能把原因与主张联系起来，人们称之为“证据”。如果听者能理解构成论点的证据，那你说服他们的概率就很大。但如果他们并不认同这一假设，你的论点就是无效的。很多合乎逻辑的论点最终失败了（无论是在家里、媒体上或工作场合），就是因为听者并不能理解构成这些论点的依据。我们可在政治辩论或宗教辩论中清楚地看到这种不匹配，同时也能在商务会面、会谈及销售中见到此类情况。如果你在论述一个事实，要密切关注构成它的基本假设。你的听者是否能理解这些假设？

表达观点

在表达观点时，我们需要将自己论点中的理性诉求与富于情感和想象魅力的情感诉求相结合。图像比语言更有效：如果你想让听者为一个动物慈善会捐款，最好向他们展示遇险动物的图片（或者最好能带一只动物上台）。当然，对于感官有吸引力的不仅限于视觉图像，想想五官会对你的主要观点分别有何种反应。

举　例

具体举例可能是让想法变得生动起来的最简单的办法，相比大量数据，听者更容易被简单的例子说服。同时，好的例子也能表明你了解自己所说的内容，且能够把它用到实际生活中（人品诉求的关键因素）。举例说明该观点已经付诸实施或产生实际效果的案例——不管结果是有益还是有害的。

说服力较强的例子通常有三个特点：

- **包括真人真事**　你能否举出一个例子，说明某人通过做某事证实了你的主要观点；
- **要有生动的描述，可调动我们五官中的一种或多种**　这个例子给你带来的五官感受（视、听、触、嗅、味）分别是怎样的；

- **有说服力的例子饱含感情或情绪** 你可以谈谈对于这一观点你的客户有多么满意，你有多激动。

运用隐喻

隐喻是一种有力的说服工具。在第三章的结尾我们曾提到过，隐喻是指用一种事物描述另一种事物；通过将主题与听者已知的某物相连，从而搭建桥梁使听者了解你的想法。

你可以借助单个隐喻激发听者的想象力或情感，也可以更大范围地使用隐喻解释复杂或不常见的主题。但如果你想使用这种方法，一定要仔细考虑并选择合适的隐喻。

最恰当的隐喻能使复杂的话题变得清晰易懂，而不会使听者感到迷惑。他们使听者能对主题进行更深入或广泛的思考。例如，系统理论学家达纳·梅多斯（Dana Meadows）用向水杯中灌水比喻反馈回路：你打开水龙头，看着水面上涨，当杯子里的水不断接近杯口时，你肯定会调整水流；杯子水满后，你会关掉水龙头。这一比喻可使我们就反馈回路展开更多思考。比如，如果你没有看着杯子或水流过快，操作反馈回路就会变得棘手。

为找到恰当比喻，可以从了解听者入手。

- 你对于听者已知内容了解多少？
- 了解该主题之后，你对他们有何期待？
- 你想解释话题的哪个方面？

- 是否存在其他事物与你要解释的内容有相同性质?
- 试验这一比喻，看看你可以用它解释多少内容。
- 回顾你的选择。该比喻是否让话题更易理解?

牢记观点

印刷术问世前，记忆在修辞术中起到关键作用。由于没有便利的做记录的方法，且人们无法轻易接触到书本，因此演说者要记住自己讲话的内容及其顺序。于是人们形成了整套记忆系统以帮助记忆。

现如今，记忆的艺术已经被科技所替代，当然应付考试除外。我们不再需要去记忆；而只需要读邮件并将其归档，从手机里获取信息，接通电脑电源浏览网页并下载内容。

但在说服他人时，记忆仍起到重要作用。当着别人面背诵一堆记录并不能说服对方。

你要找到办法把纸上的想法搬进大脑中。你可以给自己设定一些清晰的思维路标，便于从一个观点转换到另一个观点；或是使用辅助工具呈现观点，如便签、活页本、白板等；或是邀请他人参与，鼓励别人把这个当作他们思考的雏形。

<<< 练　习 >>>

下次准备演示报告时，先花些时间画一张图。收起所有的笔记，只从记忆入手。尽可能找一张大纸，以及各种颜色的笔。把演示报告当作一场旅行或是故事梗概系列图片（类似于电影制片人常用作勾画大致拍摄顺序的动画布景）。你的目的是通过这些材料找到一条路。在路两边可设置一些便于记忆的停顿点：路标、建筑、雕塑及海报等。现在用你画的这幅图辅助你进行演练。

有效传达

在说服过程中，你和你的论点、例子及故事一样重要。如果你所说的是一回事，但肢体语言表达的是另外一回事，那么没有人会相信你的话。

要始终从你的说服对象入手。他们是喜欢轻松、非正式的交谈方式还是更为正式的演说？他们是对整体概况更感兴趣还是需要很多辅助细节？他们会提问题吗？

概括来说，表达观点包括三种活动。想想你是如何运用你的眼睛、声音及肢体的。

有效的目光接触

眼神传达的内容远比声音丰富，因此要与听者保持目光接触。如果你的说话对象不止一人，那么你和每个人都要有目光接触。眼神要聚焦在对方眼睛上，切勿不理不睬。

运用声音

如果你的声音不高、不快也不太尖锐，别人听起来就会觉得更有说服力。说话时努力调整并加强呼吸力度。深呼吸，慢慢吐气，让你的声音从身体内部发出来，而不仅仅是从喉咙发声。声音越是浑厚，你的表达会越从容，你的声音听起来就会越有说服力。

第七章会对呼吸提供更多技巧。现在，请完成如下练习。

<<< 练　习 >>>

现在介绍如何找到你的最佳声音。[此处向卡罗琳·格莱德（Caroline Goyder）致谢。] 将你的大拇指放在肋骨分离处（如果你穿了内衣，也就是内衣肩带前边的部分）。你能感觉到肌肉层，轻轻按摩，感觉肌肉在慢慢放松。现在轻轻按压这一处并开始大笑，或者大声打哈欠。感觉一下你的声音是如何下降并放松的。然后跳着说话，注意自己的声音是怎样从身体中部发出的——几乎是从脊椎下半部分升起。这就是我们要找的气息，人人都有，只需要找到即可。完成这项练习之后，试着唱出你要说的话，听一听声音如何在唱与说之间转换。我们的目的是让声音从胸腔与胃部之间发出，而不是喉咙。

说服性肢体语言

你的面部表情、手势及肢体动作都与最终说服效果有关。保持面部肌肉活动，放松颈部肌肉。用手比画图形，帮助你找到要说的词来充分表达观点。

专业的说服者会观察听者的行为，并且不动声色地模仿。如果你与他人相处时感觉放松，这种模仿就会自然而然地发生。你会发现，自己在不自觉地像对方那样交叉双腿，或以相同的方式移动手臂，你要有意按照听者的方式调整自己的姿势及动作。此外，还要主动。在试图说服对方时，不要向后靠在椅背上或者蜷缩身体；身体前倾，做出坦诚相待的姿态，把你与你的观点一道呈现给对方。

<<< 要点总结 >>>

- 通过运用以下方法，我们可以说服他人：

——人品诉求：借助听者对于我们的道德品质或个人名誉的了解；

——理性诉求：借助听者的推理能力；

——情感诉求：借助听者的情感。

- 人品诉求是通过如下方面吸引听者的：

——性格；

——名声；

——个人信誉。

- 理性诉求中使用了两种逻辑形式：

——演绎法；

——归纳法。

- 情感诉求是对于情绪或情感的吸引：

——情感诉求必须是间接的；

——情感诉求必须真实；

——所激发的感情应该与你对于听者的行为期待相一致。

- 说服的过程包括五个关键因素：

——识别核心观点；

——有条理地整理你的观点；

——使用合适的语言风格；

——记住你的观点；

——使用语言或视觉手段及非语言行为表达观点。

- 识别核心观点，应该问：

——“我的目的是什么？”

——“我的谈话对象是谁？”

——“我需要向对方说明的最重要的事情是什么？”

- 句子应该：

——只表达一个观点；

——不超过15个单词；

——以行动为中心；

——本身是独立的；

——能引起他人注意。

- 整理观点，使之合乎逻辑：

——就你的信息所激发的问题进行提问：“为什么？”“怎么

样？”“哪一个？”

——使用SPQR框架介绍你的信息，并补充背景知识；

——使用演绎法或归纳法整理辅助观点。

- 为了更生动地说明观点，使用：

——图片；

——例子；

——隐喻。

- 为了记住材料内容，使用视觉手段，如：

——思维导图；

——活页本；

——白板。

- 为了高效表达观点：

——保持有效的目光接触；

——合理使用声音；

——使自己的肢体语言变得有说服力。

第六章

棘手的谈话

六种棘手的谈话

什么使谈话变得棘手

我们是如何使棘手的谈话雪上加霜的

改善棘手谈话的三个步骤

工作中的某些时刻，你不得不去进行一些棘手的谈话。正如人们所说，此类谈话是家常便饭。任何一本提升沟通技能的书都可以帮助解决困扰你的这种谈话。（当然，工作之外我们也会遇到棘手的谈话。本书着重讨论工作场合的沟通问题，但所涉及的技巧同样适用于私人谈话。）

此处我们"篡改"托尔斯泰的一句名言：愉快的谈话是相似的，而棘手的谈话各有各的困难。当谈话顺利进行时，其原因总是类似的：气氛融洽，双方语言相同且谈话目标明确。相反，棘手的谈话原因各不相同：一些是可预料到的，而其他原因则令人措手不及。

六种棘手的谈话

霍利·威克斯（Holly Weeks）是哈佛大学肯尼迪政府学院公共政策课程客座讲师。她在其《失败的沟通》（*Failure to Communicate*）一书中列出了六种棘手的谈话类别。你可能全部见过：

- 我有一个坏消息。在某些时刻，每位经理都需要向他人宣布一些他们并不想听到的消息。
- 你在挑战我的权威。这在某些方面与上一种谈话是相反的：你需要向你的经理提出一个问题，但又担心他们会感觉受到威胁。
- 我不能去那儿。如果你不愿产生冲突，那么你可能会试图避开棘手的谈话，但这会让谈话变得更棘手。
- 你赢了/我输了。你在尝试配合对方，而对方坚持让谈话充满竞争且求胜心切。
- 发生了什么事？一场平静的谈话忽然间充满了消极的情绪。这可能是由于一句没有恶意的话被完全误解了，并引发了严重后果。
- 我被攻击了。谈话的另一方忽然开始对你进行指责、喊叫、威胁或谩骂。

什么使谈话变得棘手

当进展困难的谈话展现出如下三种特征时，就已经变得棘手起来：首先，有时我们会突然发现自己不清楚发生了什么，尤其不理解为何对方做出如此举动；其次，情绪逐渐抬头，使我们无法做出准确判断，并带来很多有害的策略；这些策略里包含第三种特征——冲突。

上述三种因素中任何一种都会导致我们采取一些策略，从而使谈话变得更为棘手。

不确定性的迷雾

当我们不清楚事态发展到哪一步时，谈话就会变得棘手。特别是当我们无法搞明白对方意图时。结果，我们就会对意图进行猜测——而这一猜测基本都是可预测到的。因为太多时候，我们都会转而责备他人。

责备是人们对不确定性所做出的反应，实际上这是完全自然且可以理解的。面对无法理解的处境时，我们总会认为这是由某人或某事故意造成的。我们会因自然灾害责备上帝，也会编造阴谋论以解释离奇的惨剧。甚至在没有明确责备对象时，我们也会责备：我们会冲出现故障的电脑大喊大叫，会猛踢爆掉的轮胎。在谈话中，责备是我们应对无法理解的行为时一种自然的反应。

我们发现人们不可能去读懂他人的意图，正如我们无法理解他们对我们所讲的内容做出的回应一样。因此，大多数时候我们可以运用心理学家所称的心理理论，即可通过解读对方行为推测其思想及情感。但在棘手的谈话中，我们从对方手势、面部表情及语言回复中所获取的信息无法叠加：这些信息要么使人迷惑，要么相互矛盾，总之有些不对劲，但我们找不出究竟哪里出了问题。

情绪唤醒

面对上述不确定性，我们的大脑倾向于做出情绪化的回应。

把你的大脑当作一幢三层的办公大楼。[关于大脑功能的这一解释(三位一体的大脑)非常简单，但很有帮助。]地下室(通常称为脑干)是生命机能的控制系统，它负责心率、呼吸、体温、平衡等。第一层(实际位于大脑中部)是大脑边缘系统，就像一个接待处，处理进入大脑的所有信息。位于大脑边缘系统接待台的是“杏仁核”，我们可将其当作安全员。“杏仁核”的任务很简单:给进入大脑的信息颁发“来访人员证”，这种“证件”是以情绪标签的形式出现。若访客受欢迎，“杏仁核”会将其运送至大脑的“顶层”，即大脑新皮层，这一奇观会对信息进行更微妙且智能的处理。

但是，如果“杏仁核”认为信息不受欢迎，它会将其标注为“危险”。这就像一个安全警报。当然，出现安全警报后第一件事就是关闭电梯。信息无法往返于不同楼层之间，大脑不再进行精细、智能的思考。边缘系统切断了一切与新皮层之间的神经连接，同时引入情绪以应对这一威胁。我们称之为情绪唤醒:《情商》(*Emotional Intelligence*)一书的作者丹尼尔·戈尔曼(Daniel Goleman)认为，大脑边缘系统绑架了新皮层。这是一种生存机制，可以帮助我们不加思考直接处理情况。

当然，问题就是这种情绪唤醒只会让原本棘手的谈话雪上加霜。恐惧、愤怒或尴尬的情绪都会告诉我们要采取行动:不需要思考，现在就采取行动。大脑边缘系统将我们的选择减为两个:逃跑或战斗到底。这被称作“战或逃反应”(fight-or-flight response)。

战斗心理

如果在谈话中，一方正在经历战或逃反应，谈话很可能由此变得困难，另一方会竭尽所能去除其情绪唤醒及大脑中的安全警报。但通常，面对攻击行为，我们大脑的边缘系统会对威胁做出回应，并形成霍利·威克斯所说的“战斗心理”。一次困难的谈话就会变得棘手。

战斗心理把谈话视作战斗，每一步都被当作无端进攻，并且此时我们的大脑在边缘系统安全警报状态下已被关闭，唯一可采取的策略就是防守或进攻。战斗心理可以带来实质性损伤：激烈的情感创伤，并且可能给工作关系留下永久伤痕。

我们是如何使棘手的谈话雪上加霜的

不确定性、情绪唤醒及战斗心理三者共同作用，形成了一个自我强化的恶性循环，并随强度不断加大失去控制，我们会感觉越来越无力干预。我们想挽救谈话，甚至都能看到是哪里出了问题，但想不出该做什么，反而让这个恶性循环操纵了我们的行为。

首先，正如我们所见到的，人们总是因出现的问题责备他人，同时认为自己是无辜的。这种无辜的假设最终会发展成霍利·威克斯所说的“美好意愿的幻想”：认为棘手的对话不应当发生在我们身上，因为我们本意是好的，且一直在努力做到最好。这只是一种幻觉，因为它没有考虑到我们对于对方行为有何影响。我们相应的策略就是逃避谈话中的责任。人们为自己辩解，说自己的行为都是由对方行为导致的不可避免的结果，并且只与他们的所做所为有关。

其次，情绪唤醒使我们把问题想得过于简单化了。简化思维是情绪的首要功能：这使我们在选择做什么时更加容易。实际上，并非是我们做出选择，而是情绪选择了我们。针对简化的问题，人们做出的反应是强加一个简化的解决方案。这种情绪迫使我们进入一种非黑即白的思考模式：这个或那个，好的或坏的。我们不得不进行二选一的决定：是或不是，你的方法或我的方法，接受它或不管它。或者我们可以选择通常性的策略：这在我们讨论这一话题时总会发生，这种策略并不好，不过我们经常这样做来解决问题。

再次，战斗心理支配着大量的策略。战斗只有两种结果：赢或输。一旦有了战斗心理，每个人的目标都是获胜。我们可能会列出条件或加入冲突性的争论。我们还可能会用到霍利·威克斯所说的"阻挠策略"（thwarting ploys）。对于这些策略的目的，她写道："就是让我们后退，让对方自己冲上前来，或者一起结束这次谈话。"

阻挠策略形态各异，有大有小。一些是防守型的，一些有侵略性。它们可能包括：

- 突然大哭；

- 把他人贬损的语言当作笑话一笑置之；
- 寻求外部责任，使其无法停下并发言；
- 突然转换话题。

最成功的阻挠策略都有一个共同之处：难以捉摸。我们又回到了原点，回到棘手谈话的第一个主要特征：不确定性的迷雾。而阻挠策略增加了这种不确定性；这就是我们使用这种策略的原因。更糟糕的是，当我们发现一种阻挠策略时，通常会认为自己知道对方为何使用它。当然，我们有可能是错的。对方是否有意或真的误解了我们所说的内容？他们是在逃避话题还是只想换个话题？他们是真的伤心还是在装腔作势？

改善棘手谈话的三个步骤

我们如何打破这一循环？考虑到棘手谈话的复杂性（不确定性的迷雾、情绪的纠结及战斗的硝烟），我们能找到足够简单的策略以便记忆并练习吗？

霍利·威克斯认为我们的策略首先应做到对三方面的尊重：尊重自己，尊重对方并尊重谈话本身。

首先，自我尊重是指关注我们自身的需求。

自我尊重是指满足我们的需求。其中最重要的一些包括：

- **能力感**（Competence） 感到我们擅长自己所做的事情；
- **自主权**（Autonomy） 感到我们能够控制自己的人生；

- **关联性**（Relatedness） 感到我们与他人相联系。

<<< 人类需要什么 >>>

人人都有需求，我们必须满足这些需求才能使自身作为有效生命个体的功能正常运转。其中一些是生理需求；另外一些则是心理需求。

生理需求	心理需求
空气	安全感
水	关注
营养食品	自主权和自控力
睡眠	与他人的情感联系
感官刺激	对于群体的归属感
体育锻炼	友谊、乐趣、爱与亲密感
住所	社会环境中的地位感
安全	胜任感与成就感
	意义和目的： ——人们需要我们 ——使我们全力以赴的活动（滔滔不绝，集中注意力的高峰体验，处于“巅峰状态”） ——与更大局面相连接

当谈话一方感觉自己某项需求受到威胁后，谈话就会变得棘手。如果在自己身上或对方那里感觉到反抗，问问自己：“是哪种需求受到了威胁？”

这一人类需求的模型是基于乔·格里芬（Joe Griffin）及伊万·蒂勒尔（Ivan Tyrell）首创的人类天赋方法而产生。

（可使用缩写词CAR帮助记忆这三种核心需求。）满足自己的需求并不意味着忽略他人的需求，也不意味着使用阻挠策略以保护我们的需求。阻挠策略只能在短期内保护我们，而自我尊重意味着我们需要更全面、更深层次地满足自身的需求。

尊重他人是指认可别人也有与我们相同的需求。尊重对方并非指我们必须同意其观点或做出让步，同样也不是说我们应该喜欢他们。这只是告诉我们，应当认可对方也有需求及对自身利益的追求。

当然，他们的所作所为有一部分是在回应我们的言行。比如，对他们而言最重要的是别丢脸：不能在公众场合感觉尴尬或被羞辱。因此，尊重他人同样也是指试图理解我们的行为对他人的自尊可能造成什么影响。（我给对方造成了什么影响？）这样也意味着我们能更深入地了解自己的行为。因此，尊重自己与尊重他人会相互强化。

此外，尊重谈话还指认识到谈话的实际情况：棘手。霍利·威克斯认为我们可以把棘手的谈话当作一处风景，需要导航才可通过。“我们不能一直低着头费力通过，”她写道，“而是要向后退一步，采用全局的视角并思考整体地形。”我们在这个谈话中寻找不同障碍物之间的一条有效路径。

上述三方面的尊重在实际谈话中是如何运用的？我们能做什么？

我们可以先从考虑谈话语境入手。你是否需要在这些问题上采取行动？

- **时间** 时机是否恰当？谈话的背景是什么？
- **地点** 你所处的地方是否舒适、安静且（最重要的是）私密呢？

若你选择了合适的时机和地点，谈话更有可能变好一些。另外，我们也可以尝试选择使用一些技巧。

但我们的确要做出选择，因为棘手的谈话不会碰巧有所改善。不确定性的迷雾、情绪唤醒及战斗心理这三个因素互相作用，形成一个相互强化的循环。我们可以从该循环任意一处开始，但我们需要从某一处入手，且只有我们能够选择采取行动，因为我们无法预测他人会如何做，也很可能无法直接控制他们的行为。但是，我们可以通过自身行为影响他们的行为，这取决于我们。

清除不确定性的迷雾

要想减少棘手谈话中的不确定性，我们需要更多信息且需要使用已掌握的全部询问技巧。

第一步最好是抛却责备。我们都知道，责备往往会让我们认为他人对自己抱有敌意。如果我们能简单地改变这一未必准确的假设，就可以开启更多新的可能性以获取信息。

原则是假设对方的谈话目的具有建设性（我们曾在第四章结尾部分提到过这一技巧）。假设对方的言行举止与其本身想法一致，且有充分理由——这些理由对他们而言是有意义的。他们试图以某种方式满足自身对于能力感、自主权与关联性的需求。同样，也要假设他们可能并不完全知道自己为何正在做这件事。

即使棘手的谈话带来困惑感，我们也有可能做出这一简单的举动。但是如果你事先练习过这一技巧，就会更容易地假设对方的谈话目的具有建设性。

<<< 练 习 >>>

假设对方的谈话目的具有建设性

无论何时，只要你感觉放松且能够观察他人行为而不会感觉受到威胁时，就可以尝试这一技巧。（会议是进行这一练习的好时机。你可以观察正谈论某个话题的两个人，而自己不用参与。）当某人不同意一个观点或似乎有所抵触时，你就要留心观察了。问问自己："他们的抵触或不同意，有没有什么充分的理由？"使用之前提过的三个需求验证你的想法：能力感、自主权及关联性。有没有可能是其中某个需求受到了威胁？如果你参与此次谈话，你该怎样弄清楚？

下一步是提出问题。推论的阶梯是一个非常有力的信息收集工具。回顾第三章：你会发现有大量问题可以帮助你爬下推论的阶梯，并且探索对方所说内容潜在的信仰及事实。

在进行对话前我们通常知道对话会有困难。这种情况下，我们可以设计提问策略以帮助我们清除不确定性的迷雾。技巧在于提前准备好大量的问题，并随时准备更改方向。做好计划，但不要写下来。

减少情绪唤醒

情绪这个杂乱无章的灌木丛，也许是你穿越棘手谈话路上最大的障碍。尽管我们把情绪列为棘手的谈话之中的第二个因素，但在你取得任何进展前，都需要首先解决情绪唤醒问题。

为什么情绪具有如此大的破坏力呢？因为它能使我们的思路不再清晰。这就是其自然功能（此处需要再次强调）：情绪指挥我们如何不假思索直接行动。（此处可回顾第五章中关于情感诉求的解释：情绪唤醒行为）。棘手的谈话比其他任何谈话都更需要我们有清晰的思路，而极端、负面的情绪会使人思路不清晰。

我们如何减少情绪唤醒行为？在试图影响他人前，你必须进行自我调整。首先要调整呼吸。深吸几口气，慢慢呼出并努力使呼气时间长于吸气时间。（这一技巧被称为 7–11 呼吸法，第七章中对此有更为详细的练习。）在对方回答你问题时，你有大量的时间调整自己的呼吸；如果你发现找不到调整呼吸的空档，那么有可能是你说的太多了！

下面，放慢谈话速度。回顾第三章中关于控制时间的部分。控制你的声音可以有效减慢交谈节奏：降低音量、音调并减慢速度。这会给他人带来神奇的影响：人们很难去驳斥一个舒缓的声音带来的影响。但你需要练习这一技巧，以便在需要时可以信手拈来，但棘手谈话的情绪会奋力与你作对。

在短短几秒钟内你可以调节自己的呼吸及声音。现在关注谈话的用词。如果你可以复述并重新表达对方说的话，就能释放一些不良情绪。

例如，如果对方说“销售目标太高了”，你可以这样复述他说的话：“让我确定一下，你是说销售目标定得太高了吗？”复述对方所说的话（尤其使用疑问句时）能给对方一个反思的机会，对其进行扩展或检验。复述可以帮助谈话双方更加客观地看待问题。

同时也可以放缓谈话速度并使谈话逐步冷静，棘手的谈话不太可能完全放松下来，但至少现在你有机会对其进行调整，使之更加顺畅。

从冲突到协作

协作是指共同努力，促成谈话达到期望的目标。方法之一是采用“卫星视角”（satellite view），从整体审视谈话主题。

尝试进行“如何”的练习。技巧十分简单：我们使用“如何”开头的短语描述问题。邀请他人与你一起想出更多使用“如何”开头的句子来描述你们正在讨论的问题。如果愿意，你可以先提出自己的句子，并花些时间想出更多的“如何”短句：描述问题的不同方法，看待问题的不同角度及问题的不同阶段。如下问题有助于你想出更多以“如何”开头的短句。

- 我们这么做是为了达到什么目的？
- 你想做什么？
- 如果能做到这一点，我们能解决其他什么问题吗？
- 为了做到这一点，我们需要做什么？

写下“如何”短句有助于你进一步使问题具体化。便利贴很有用：每张纸上写下一个“如何”短句，并收集到一起。通过这种方法使问题变得形象化，你有了更大的机会与他人协作解决该问题。

“如何”是一种强有力的第一阶段思维技巧（此处可回顾第三章中构建思维框架部分的内容）。在第三章中我们曾探讨过四种交谈类型，“如何”短句是四种交谈类型中的第二种交谈——寻求可能性的交谈——的一部分，其效果十分明显。

如我们所见，第三章中爱德华·德·博诺将冲突称为“对抗思维”。根据博诺的研究，对抗性思维有四种主要类型：

- 批评的思维：寻找一个观点中的错误；
- 自我的思维：把我们与自己的观点视为一体，因此攻击我们的观点就变成了对我们的人身攻击；
- 政治的思维：使用观点创造盟友或摧毁同盟；
- 强硬的思维：简化并降低观点的复杂性，使观点无法继续发展或改变。

在你所面对的棘手谈话中，你或许能发现上述一种或多种思维。若是这样，下面这些问题能有助于你缓解冲突，增加合作的机会：

- 应对批评的思维时，可以问：“这个观点有什么好处？”
- 应对自我的思维时，可以问：“这事何时发生？这一观点在什么情况下无法应用？”

- 应对政治的思维时，可以问："这一观点的优势和劣势是什么？"
- 应对强硬的思维时，可以问："如果……会怎样？如果……发生了会怎样？如果……没发生会怎样？如果你能解决这一问题会怎样？"

棘手的谈话需要的不仅仅是良好的意图，还需要清晰的思考、策略及技巧。从棘手的谈话中走出来并不是要忽略他人的需求，也不是要做出让步或逃离。在棘手的谈话中，我们可能无法理解或影响他人的行为（这也是谈话变得棘手的原因之一），但我们可以改变自己的行为。本章所探讨的技巧使我们能通过自身做出改变，从而有助于改善一场棘手的谈话。

这些技巧有一个共同之处：在使用它们前我们需要多加练习，其中的大多数技巧都可以在正常谈话中进行练习。一旦我们知道了这些技巧是如何帮助我们的，我们就能随时准备好去应对对话变得棘手的情况。

<<< 要点总结 >>>

- 棘手的谈话有 3 个关键特征：

  ——不确定性的迷雾，尤其是在理解对方意图时；

  ——情绪唤醒；

  ——战斗心理。
- 如果策略选择不当，棘手的谈话会变得雪上加霜：

——不确定性的迷雾怂恿我们出现问题时责备谈话对象，并且制造出良好意愿的假象；

——情绪唤醒促使我们过于简化问题并寻求过于简化的解决方案：迫使我们做出二选一的决定或笼统的判断；

——战斗心理激发了很多策略，包括阻挠策略。

- 只有当我们尊重自己、尊重他人及对话本身时，棘手的谈话才能变得更好：

——自我尊重是指理解自己的需求并努力满足这些需求；

——尊重他人是指记住他人的需求，并且记住他人也在努力满足自身需求；

——尊重谈话是指把谈话当作需要共同努力才能通过的风景区。

- 我们可以使用一系列技巧以打破棘手谈话的恶性循环：

——我们可以通过假设有建设性的目的，提出问题及使用推论的阶梯来清除不确定性的迷雾；

——通过调整我们的呼吸、声音及在回答问题前复述对方的话，来降低情绪唤醒；

——通过使用“如何”技巧及小心回应四种形式的对抗思维（批评的思维、自我的思维、政治的思维及强硬的思维），我们可以将冲突转变为协作。

- 棘手的谈话需要的不仅仅是良好的意图，还需要清晰的思考、策略及技巧。在展开棘手的谈话之前，我们需要练习上述技巧。

第七章

演示报告

准备演示报告

驾驭材料

掌握听众

自我调节

回答问题

把演示报告当作一种正式的交谈。演示报告很大程度上是一种单向交谈，有几条特定规则：你来讲，听众听；你来引领局面，他们跟随你。这并非最自然的交谈，而这一点恰恰带来了挑战。

在美国新近开展的一项研究调查了人们最恐惧的事是什么。有意思的是，死亡仅列第七位。列表中，在大庭广众之下发言排在了深水、财务问题、昆虫及恐高之前，位居第一。

人们为何会有这种恐惧？我想这是因为，当我们做演示报告时，就已经将自己置身于公众面前。听众不仅会评判我们的观点，同样也会对我们自身评头论足。人们可能无法轻易记住报告内容或电子表格，可若是演讲者紧张或能力不佳，倒是能令人印象深刻。

这种紧张焦虑的情绪是由肾上腺素引起的，该激素由肾上腺（靠近肾脏）分泌。肾上腺素促使动脉收缩，进而血压升高并刺激心脏。那么为何要刺激心脏呢？因为这能够为你提供额外的能量。我们何时需要额外的能量？当人身处危险之中时。

面临威胁时人体释放肾上腺素，是人类在进化过程中形成的自然反应能力，也是“战或逃”反应的一部分，能够帮助人类应对或逃离生死攸关的处境。其症状包括脉搏加快（保持血液中氧含量）、瞳孔放大（提高视力）及手掌出汗（帮助我们抓紧武器）。

除此之外，肾上腺素还有两种功效：首先，肾上腺素可以提高你的注意力——这一点在做演示报告时尤其有效；其次，肾上腺素促进身体排泄废物，从而减轻体重，使人能跑得更快。这也是为何人们在临上台前会产生去洗手间的冲动的原因。

但最糟糕的是听众最终会将你所说的内容忘得一干二净。

这还真是个坏消息。

不过好消息是紧张感可以帮助你更有效地完成演示，因为它会一直提醒你这个演示十分重要——并且你的表现也很重要。一名出色的演讲者始终是台上的焦点，因此你不可避免地会感到紧张。实际上，你也应该感到紧张。你的任务是克服这些情绪。

<<< 练　习 >>>

调整呼吸是消除紧张感的最佳方法。找一个舒适的地方坐下并让自己放松。双肩放松，双手置于腹部。如果可以的话，用鼻子呼吸：吸气时数 7 下，呼气时数 11 下。如果感觉时间太长，可以将节奏放慢——吸气 3 下、呼气 6 下即可，然后逐渐增加到吸气 7 下、呼气 11 下。关键是呼气的时间要比吸气的时间长。注意两肩保持不动，双手在呼气时轻按腹部，吸气时放松。若是闭上双眼，专注于动作的节拍，效果更佳。（以上动作可与第五章中使用声音的练习法组合进行。）

这种 7–11 呼吸法对于平复紧张情绪、缓解焦虑十分有效。吸气可使心跳加速，刺激肾上腺素分泌；相反，呼气则可以让心跳平稳并抑制肾上腺素的分泌。人们在紧张时会吸入更多空气，而 7–11 呼吸法能改变这一点，从而使我们不再那么焦虑。练习 7–11 呼吸法同样可以迫使我们将注意力集中在一呼一吸上，就不会再胡思乱想了。

准备演示报告

人们会出现类似的紧张情绪也表明现场演示报告具有不确定性。希腊人把这种因素称为 Kairos，通常可译为“契机”。

出色的演讲者应该了解，演示报告过程中会出现各种不可控因素影响发挥。你无法决定听众的心情，也无法预测谁会出席。面对瞬息万变的外部环境，你无法事无巨细地全部计划好，更不可能提前准备好答案以应对听众们即兴提出的问题。

不过，这也正是演示报告最大的魅力所在。做演示报告的这段时间非同寻常，我们可以随时随地与听众共处。如果真像希腊人所说的那样，我们将此视作“契机”，那么就可以随时抓住这个机会。

<<< 练　习 >>>

下次你准备演示报告时，什么因素会影响到所谓的“契机”呢？先花时间想一想你作报告时将要应对的场景是怎样的：听众的心态如何？他们最近经历了哪些事情？社会上发生了哪些会影响他们的大事？以及该如何调整演示报告以便更好地将上述因素考虑在内？

做充足的准备，你就可以摆脱焦虑情绪，甚至利用自身因紧张而迸发的能量，使自己在演说中如虎添翼。可在如下三方面进行准备：

- 材料；
- 听众；
- 你本人。

驾驭材料

你在演示报告时最主要的任务是吸引听众的注意。

一场失败的演示报告可以有许多原因，但最常见的问题莫过于发言人自己只顾长篇大论，而忘了他是在和听众“对话”。

造成演示报告失败的另一个原因，是演讲者将自己准备的材料念给大家听。演示报告不是汇报，也并非只有一组幻灯片而已。演示报告就像一场演出，需要引人入胜的故事情节，戏剧般的发展路线及恰到好处的优美音乐。这场演出的建构必须通过令人着迷的转折，引领听众去探索发掘，使听众全程沉浸其中。

确定目标

为什么要作这场演示报告？最终你想让听众做什么？你的目标必须是使用一切必要语言说服听众采取行动。

换句话说，作演示报告就是演讲者感染听众、说服听众的典型活动。总体来说，演示报告算不上是为人们答疑的好媒介。我们要牢记这一点：听众很有可能将我们的话忘得一干二净。因此，无论是展现在幻灯片上还是其他任何地方，一场信息量太多的演示报告绝对会适得其反。如果只是想解释说明一件事情，最好在演示中加入一些令人信服且发人深思的元素。若实在需要向听众做出详细解释，也要将其置于附加的说明部分。

我认为每一场演示报告都只有一个目的。这听起来可能有些冠冕堂皇，但演示报告的目的应在于激励你的听众。听众们想要被演讲者打动，全身心投入到整场报告中，并为之着迷。尤其是他们想找到与演讲者在思想方面的共通之处。听众们也想证明，在演示报告持续的时间里，他们所有人是紧密联系在一起的整体。而你的任务就是利用自身的表现、想法及与听众的互动，为他们营造出这样一种多维度的认知场景，这样才能激发听众的活力，使他们参与其中。

用一句话写下你的目标，这样有助于我们：

- 理清思路；
- 选取适当的材料；
- 在规划的最后，确保你仍然在解决一个明确的问题。

句子的开头可以是这样的：

“本次演示报告的目的是……”

当然，一定要保证写下的目标可以鼓舞人心！

分析听众

如果全场听众都感觉我们是在直接与他们对话，那么这次演示报告就是成功的。若是你的观点正好解决了他们的需求，他们会更加全神贯注。还记得我们在第五章中提到过的“人品诉求”的技能吗？若能使听众感到我们与他们拥有相同的价值观，坚持实事求是，坚持中庸思想，并为自己的观点付出了努力，他们会对我们产生敬意，从而更倾向于相信我们。

因此，要认真分析我们的听众：

- 到场的听众有多少？
- 他们所处的阶层是什么？
- 他们愿意参加吗？
- 他们对本次主题了解多少？他们仍需要知道什么？
- 你的信息与材料有多少和听众密切相关？
- 听众处于哪个年龄段？是否同一性别？

听众当然会对演讲者和演示报告有所期待。他们期望你是一个专业的演讲者，能把控整场报告的节奏和方向，使一切都在控制之中。听众也期待有人引领他们去思考，去感受，作为一个单一群体去回应。听众给出热烈响应的方式屈指可数。他们可以随时打断你：通过突然发问、当众驳斥及进行诘问等方式；他们也会哄堂大笑，更有可能热烈鼓掌。而听众希望你能对此做出合理的反应。

规划要点

一旦确立好目标，并对听众有了大概的了解，就应该准备演说材料了。

总结演示报告的要点信息。这里可回顾第五章要点总结部分。演示报告的要点必须：

- 是一个完整的句子；
- 能表达你的目的；
- 拥有一个观点；
- 不超过 15 个字；
- 能吸引听众的注意力。

你要竭尽所能使要点信息生动。演示报告的要点也可称作“关键信息”，这些关键信息在演示报告结束后也会扎根于听众脑海之中。

建立框架

演示报告的整个框架，需要紧紧围绕我们确立的要点。

我们可以运用亚里士多德提出的沟通三要素进行建构（同第

五章章首部分）：

- 始于人品诉求：将演示报告的依据建立在与听众沟通的需求上；
- 兴于理性诉求：传达论点及论据（论据通常以三点为佳）；
- 止于情感诉求：发出符合听众情感需求的呼吁，警醒听众。

若是形势紧迫，没有多少准备时间，三步建构法无疑是最有用的。

<<< 门罗的激励序列 >>>

20 世纪 30 年代，美国印第安纳州普渡大学心理学教授艾伦·门罗（Alan Monroe）将亚里士多德的沟通三要素发展成五步激励序列。门罗认为："遭遇困难时，人们会寻求解决方案。一旦他们想要或需要这样做，就会想方设法完成这件事。"（这里提到的需求与我们在第六章讨论的需求完全一致。）门罗的激励序列为演示报告建立了框架，可以激起人们满足诉求的欲望。

第一步，获得听众的关注。设置问题，讲述故事或引用名言警句都可以达到这一目的。首先要用出人意料的话语或做些有趣的事情吸引听众。这时听众会暗自猜测："这场演示报告该怎样进行？接下来会发生什么事情？"

第二步，使观众相信他们正遭遇难题。他们或许已经意识到问题所在，这时告诉他们我们了解这类问题会增加听众对你的人品诉求。或者也可向他们提出一个令人震惊的新问题，以此激起听众对现状的不满和苦恼，从而产生解决问题的诉求。在这一阶段，听众会想："这个问题太严重了，我们该如何应对？"

第三步，提出解决方案。怎样化解难题是整场演示报告的重中之重，也是体现理性诉求的阶段。向听众阐明我们的中心思想，并适当提出少量论据支撑这一观点。做到随时随地总结观点，确保听众紧跟我们的思路不掉队。此时，听众会慢慢思考："这听起来是个显而易见的解决方案，该如何付诸实践呢？这又会给我们的生活带来怎样的影响？"

第四步，场景描述。向听众部分或全部描述实施方案和不实施方案分别有什么后果。这时，大多数听众会高呼"告诉我们该怎么做"！

最后，实施第五步，号召大家采取行动。发出的号召要简短，尽可能掷地有声。不要忘记听众的情感诉求：我们要将自身情感表达得淋漓尽致，这样才能感染听众，使之做出在你预期内的回应。

八十多年来，门罗的激励序列造福了无数演说者。这套方案适用于多种题材，最主要的是可以帮助我们准备并整理直接面向听众的材料。

制作提示卡片

世界顶级演讲者的演示报告通常都是脱稿进行的。他们侃侃而谈，毫不怯场而且还能依靠完美无瑕的口才惊艳全场。

我们千万别被骗了。台上的这份从容自得的背后，是精心的规划和反复练习而得来的。能在台上侃侃而谈是所有演说者的追求，但若实在做不到也并不丢人。为了最终能做到脱稿演讲，我们可以先试试在纸上写出完整的演讲稿，利用自动提词机（为电视讲话人或演出者逐行映出语句的显示屏）或将提示词记在卡片上。不过这三种方法各有利弊。

有了演讲稿，一切就都在掌控之中了。我们再也不用担心词穷！提前准备好文稿，我们可以将正常演示报告细化到每一分每一秒，这样就能细细斟酌用词，避免滥用。不过从另一方面来说，我们可能不擅长朗读文稿，选用的词语或许也略显生硬，不贴近实际。

自动提词机为演说者摆脱了需要不时低头看稿的负担。你可以一直向前看，不时环顾四周，没人发现你在看稿。这样能帮助你在演讲时活跃气氛。

大多数演说者会使用提示卡片。最好将卡片存档，这样可以最大化地利用已有资源。提示卡片的好处不胜枚举：

- 它们比纸张坚固，不会沙沙作响；
- 更加轻巧便于携带；
- 紧张时可以握紧卡片；
- 看起来更专业；
- 迫使你使用简洁的标注。

为了在卡片上写下简明的提示，你必须强迫自己在脑中过一遍要说的话，模拟演说的场景。这样一来，你在现场的表现会更加服众。

使用提示卡片面临的挑战在于，你看到提示后需要构想一下说什么。那些像“嗯”“呃”的字眼可能会时不时跳出来，你也可能会发现自己不受控制地做出恼人的举动，说些无用的话（一些演说者甚至意识不到自己说了什么话，直到好心的同事发出善意的提醒）。为了纠正这些小差错，你可以试着在说话前停顿一下，组织好语言。

卡片用加粗字体打印，也可以用钢笔或毛笔手写。上面只写一行字，控制好卡片的数量。内容应包括：

- 必须说的话；
- 支撑中心思想的论据；
- 剩余时间可以说的话。

保证卡片简明容易翻找，并且多练习几遍熟悉内容。千万别忘了找个装订绳把卡片钉在一起！

PRAISE法则：增添色彩

一场激动人心的演示报告能使演说者的思想变得生动起来。大家都听过那个著名的关于一个小女孩的故事。她说她喜欢收听广播里的话剧，“因为可以看到更美的画面”。幻灯片上的图片的确好看，但通常远远比不上我们用语言在听众的脑海中描绘的画面。

要激发听众的想象力，这里有六种方法，我把它们总结为PRAISE法则。

- **俗语**（Proverbs） 用俗语表达的观点更易给人留下深刻的印象。让你总结的主旨或关键信息像广告歌词和政治标语那样朗朗上口，这样听众在报告结束后也会时时想起并心生满足。
- **共鸣**（Resonators） 利用生动的形象可以使思想贴近实际生活。这些形象蕴含丰富的感觉信息：可以调动人们的视觉、听觉、触觉、味觉、嗅觉和知觉。一旦与人们息息相关的实物挂钩，演说的效果会非同凡响，所以要用恰当的比喻来阐明你的观点。
- **吸引力**（Attention-grabbers） 引人注目的事物常常能占据或夺回听众的眼球，制造惊喜和设置悬念也能达到同样的效果。所以演讲中多用修辞：颠倒字词顺序或使用罕见的表达方式可以使演说者的观点独树一帜，易于识记。演讲中常用的修辞有：隐喻、对比、反问及排比。
- **影响力**（Influences） 有影响力的材料能使你的观点更具权威性。你可以在自己的头衔、经历及言谈举止上下功夫。只要信息的来源和出处都是真实的，这则信息自然也是真实的。演说者常常引用著名作家的话来增强观点的影响力。
- **实例**（Stories） 眼见为实，亲眼见到的总比官方发布的数据更具说服力。无论多么异想天开，听众都愿意相信我们举出的实例。因为我们让他们有机会与主角一起体验挑战。真人实例比大量仔细记录在册的证据更令人信服。

- **情感**（Emotions） 我们早就知道，带有感情色彩的说服相较于强有力的理论证据更易影响他人，因为人都是感性的。用感情丰富你的演说，去碰触逻辑论证抵达不到的脑海深处。

<<< 练　习 >>>

选取一个近期需要阐述的主题，在纸上按照PRAISE法则逐条写下符合该主题的例子：谚语的表达方式、能够产生共鸣的比喻、引人注意的说法、有影响力的消息源、真人实例及该主题涉及的情感因素。

改善视觉效果

“死于幻灯片之手”这一说法越来越常见，还真是令人苦恼。众多业界人士都饱受“幻灯片疲劳症”的摧残，引起这种视觉疲劳的主要原因是演说者对幻灯片的不恰当操作。

其症结在于表现形式过于单一：演说者应多使用图片类素材，而非大段文字。

幻灯片注重视觉效果。它们的作用是提供信息，而非堆积文字。否则，何必要展示图像呢？幻灯片的作用如此显而易见，却有很多演说者一开始就忽略这一点，实在是不可思议。但是我们分析完幻灯片制作软件是如何被推广的之后，这种现象也就不难理解了。

演说者购买电脑上制作幻灯片的软件，是为了减轻工作负担。

我们一直被洗脑，认为幻灯片能让我们看起来更胸有成竹，据说也能显得专业些。我们也一直认为幻灯片的作用与笔记相差无二，演示报告结束后便于听众们打印。

换句话说，这诱导着我们往幻灯片里插入大量文字，而非图片。

然而，电脑生成的幻灯片其实更大程度上是黑板这一古老技术产品的派生物，并非源于早期 35 毫米的底片。与黑板不同的是，幻灯片在演说者说话之前就已经放映出来，而在黑板上却是边说边写。一时间，听众被迫一边阅读幻灯片，一边听演说者说着截然不同的内容。一心二用的后果是满盘皆输（心理学家称这一现象为“认知失调”)。另外，演说者提前将要说的内容展示在屏幕上，这彻底搞砸了他们事先准备的惊喜，达不到预期效果。

更糟糕的是，有了幻灯片，演说者的表现越来越不尽如人意。总感觉演说者被拴在了幻灯片上，“与幻灯片交谈”，这切断了他们与听众的联系。演说者不在演讲，而是成了旁白。最后导致听众不再集中精力。（想想小学生们在老师转身去黑板上写字时的表现。）以前有黑板时，演说者会边讲边写，而如今不需要黑板了，他们就不知道说些什么了。是大声朗读幻灯片上已有的文字，还是总结一下这些材料？然而幻灯片上的文字或许太过简洁，读出来并没有什么效果；总结材料的话又会造成听众的认知失调。

当然，幻灯片的确便捷高效，但它的作用只能是为我们的演示报告锦上添花，绝不是取而代之。

- **删除文字** 除非你想对某段文字进行分析，否则不要使用文字。
- **运用图片素材** 只要不复杂，照片、地图、图表之类所有图像都可以。
- **营造视觉失调效果** 图像所展示的信息应当少于听众理解该图像所需的量。这样演说者就可以随后对图像进行讲解，满足听众需求。

如果必须加上文字，就将其设计得足够醒目，便于听众阅读。除了需要听众看的部分，不要再添加其他文字。

更好的建议：关掉放映机，集中注意力做好演讲。

进行演练

演练是对实际效果的检验。竟然有这么多演说者认为他们可以不进行演练直接上台演示报告，这让我十分震惊。而亘古不变的真理是：我们演练多少次都不为过。通过事先演练，我们可以背熟演讲稿，掌握所有关键时间点并缓解紧张情绪。

演练时想象一下成功的场景。我们总是预期失败，反反复复思考演示报告中会出现什么错误。相反，你恰恰应该想一想顺利完成演说，甚至取得巨大成功过后该说些什么，做些什么。想象一下这样的场景：我们在台上自信满满，能言善辩；听众们如痴如醉，不愿错过任何一个词，并在最后热烈鼓掌。（本书在第九章介绍了有关成功预演的练习。)

演练时要严格按照时间顺序，一步步进行，切忌跳过任何环节。可以找同事或朋友一起进行演练。如果条件允许的话，在演示报告现场至少排练一次。

如果事先进行演练，你就有了更多自由发挥的余地。只要将准备的材料多熟悉几遍并掌握好，你便可专心致志应对演说者的本职任务：与听众对话。

掌握听众

你与听众的关系举足轻重，比你所讲的内容更为关键。听众不会记住太多你说的内容，但他们会记住演说者本人。

你全身心投入在这场演出里，必须时刻关注自身动作，掌控自己的表现，这样才能进一步掌控听众。

眼神交流

我在第五章曾提到过，眼神传达的内容远比声音丰富。一个专注且坚定的眼神可以告诉听众：你时刻关注着他们，你知道自己在说些什么，并且对这些话深信不疑。

想象一下，你的眼中发出灯塔般耀眼的光芒，扫视听众。应确保与在场所有人进行眼神交流。在每个听众身上停留几秒，直到吸引他们的目光。

面部表情

除了眼睛，面部其他部位的表情也很重要！记得保持微笑。适当放松一下面部表情，比平常稍微夸张些，这样听众可以从我们的脸上“读”出一些信息。

肢体动作

选择一个让自己最舒适放松的姿势。如果你讲话时比较喜欢打手势，就不要勉强自己把手放在一处保持不动；但如果不太爱打手势，就别故意让自己手舞足蹈起来。双臂不要紧贴身体，尽量伸展开来。不要把双手交叉到背后，也不要插进衣兜里。（尽量清空衣兜，以免硬币和钥匙等发出声响。）

身体的移动

尽量减少移动。这并不是说要始终站在一个地方不动，适当的走动说明我们在熟悉和适应周围环境。但是太过频繁，整个人就像一头被关在笼子里的美洲豹，容易惹恼听众。你的双腿既不能左右乱晃，也不要像打结似的没法动弹！应尽可能脚踏实地，放缓步子。

自我调节

无论怎样，到了关键时刻你依旧可能会感到紧张不安。记住，这时候的紧张感是为了帮助你。如果你已经准备得十分充分，就需要进行自我调节，把紧张感转化为动力，去解决临场出现的问题。

在某些场合，开场前与听众见见面，适当进行一些交谈对你有益无害。这有利于打破一开场的僵局，也能使自己放松。

注意调整好声音和呼吸（运用本章开头提到的 7–11 呼吸法），可以试着说些绕口令或唱一首自己喜欢的歌，使嘴部肌肉放松，以便说话时吐字清楚、口齿清晰。嚼一嚼口香糖，预热一下自己的嘴唇和舌头。

<<< 练　习 >>>

这里有个简单的练习，可以让你的唇部肌肉活动起来。首先把舌头从嘴里伸出来，越远越好，然后说一小段演讲内容，尽可能饱满地发出每一个音。只需要 30 秒钟，这套动作就能唤醒你的嗓子，使嗓音恢复清润。当然，这样看起来相当傻，所以最好找个没人的地方悄悄进行！

回答问题

许多演说者同样也害怕演示报告之后的问答环节。如何完成好问答环节，下面几条方法可供参考。

- **确定何时回答问题**　通常回答问题的时间在最后，但也不排除有人喜欢在演讲中就回答一些问题。这可能有一点儿棘手，但不失为一个与听众增进感情的好方法。

- **预测最有可能出现的问题**　你可以轻易地猜到会有哪些“常见问题”。除此之外，其他问题是根据报告的特定情况出现的。
- **事先“埋伏”**　提前安排工作人员在听众席提问，因为听众在面对问答环节时常常犹豫要不要提问，害怕自己提出的问题会破坏整体氛围。
- **简明扼要地回答问题**　强迫自己简单回答听众提出的问题。
- **如实回答**　你可以选择回避某些问题，但不可以说谎，不要以为听众里面没人能看穿你。
- **面面俱到**　不仅要顾及房间内各部分的听众，还要遍及所有“社交圈”。
- **面向公众**　回答问题时，不要将其变成与某个人的谈话。确保每名听众都能听到我们回答问题的声音。
- **延后回答**　如果你不知道该如何回答，如实告诉大家并做出承诺，报告之后会解答这个问题。

<<< 要点总结 >>>

- 做一个高效的演示报告，需要把控好如下内容：

  ——材料；

  ——听众；

  ——你本人。

- 准备材料时应该：

  ——确定目标；

——分析听众；

——规划要点；

——建立框架（门罗的激励序列）；

——制作提示卡片；

——增添趣味性（PRAISE 法则）；

——改善视觉效果；

——进行演练。

■ 掌握听众应注意：

——眼神交流；

——面部表情；

——肢体动作；

——适当走动。

■ 自我调节时应注意：

——调节呼吸；

——保持口齿清晰；

——掌握回答问题的技巧。

第八章

把你的想法写下来

电子邮件的问题

由说到写

编辑你的作品

写好文章是很难的，需要写作技巧、创新能力及一定的技术知识。但是，最难的可能是我们的文章要在没有写作者参与的情况下与读者沟通。

回想下在沟通方面我们的关键问题。我给对方造成了什么影响？在交谈中，回答这样的问题可能很难；但如果我们用写作与某人交流，这就变得更难了。读者需要在我们不在场的情况下对我们做出判断。写作的基调暗示了我们是什么样的人；而读者也可能会从文章中读出本不存在的语气。此外，在正常的交谈中听者不会对我们的错误想太多（我们曾在第二章中提到过这一点）；但在我们的写作中，他们可能会注意到语法错误、拼写或标点使用的错误。而且他们还会——至少在一定程度上——通过上述错误评判我们。

写作本身正在经历快速的变革。我们阅读纸质书籍越来越少，通过电子屏幕阅读越来越多。相对来说非正式的电邮、即时短信、微信和微博正在成为正式新闻报道的重要补充形式。在这些发展的背后暗藏着另外一个趋势——很难被注意到，只有我们执笔写作时才会有所发现。

大多数时候，我们并没有在真正写作——我们在打印。在现如今的工作场所中，很少能看到人们手写东西。打印在我们和读者之间制造了另一个障碍。矛盾的是，社交媒体鼓励我们把写作当成一种对话的形式，而与此同时，打印使我们的写作缺少个人特色。所有这些发展都在改变着我们阅读的方式，也就是说我们必须更加认真地去思考如何能写好文章这一问题。

让我们从工作时最常见的写作形式谈起。

电子邮件的问题

在你读完这个句子的时间里，这个世界上的人们已写完两千万封电子邮件了。工作时我们会花 11 个小时以上的时间阅读和回复邮件，其中至少 30% 的邮件是通过移动设备完成的。

所以，难怪那么多的电子邮件被误读。我们可以认为是粗心惹的祸，或者是让我们匆忙完成邮件的紧迫感搞的鬼，但媒介本身也是问题的诱因。电子邮件缺少心理学家所说的超语言信息（paralinguistic information），即我们从发言人面部表情、姿态及语调中所获取的信息。

我们假设电邮是一种交谈，从而进一步认为写邮件时我们使用了这些非语言元素，且读者可以看到并听到这些元素。纽约大学的贾斯汀 · 克鲁格（Justin Kruger）教授及其同事们发现这些假设有三个一致性影响：

- 相比实际对话，邮件内容的表达格外不清晰；

- 我们通常会高估自己邮件内容表达的清晰程度；
- 我们同样会高估自己阅读邮件时的理解程度。

克鲁格教授发现，当邮件作者想表达双重意义，如讽刺、反语时，这些错误的判断会格外严重。

美国雪城大学的克里斯汀·拜伦（Kristin Byron）教授对这些发现作了进一步研究。她发现我们阅读邮件时负面情绪要比作者预想的更大，我们更容易把原本积极情绪的表达理解成中性的，把中性表达理解得更消极。比如，作者可能想的是单纯的评论，但读者可能将其理解为批评。拜伦教授称，如果邮件作者在地位上比我们高，年龄较大，或是男性（这点很有意思），我们更容易从负面情绪上解读邮件。

这是怎么回事呢？我认为，我们潜意识中假设这是一场交谈，邮件文本，甚至我们阅读的屏幕就像一张面具。和戴面具的人交谈有些吓人；于是邮件可能就产生了类似的潜意识威胁。

避免误解

这里提供四条策略，可能有助于降低被误解的可能性。这些策略全部取决于我们以某种方式在邮件中使读者"看得见"我们。

首先，我们可以使用"表达规则"。例如，发送者在邮件中多使用一些推脱责任的话，如"请原谅邮件的简短，我是用平板电脑发送的"。某个机构的邮件都会以这样的话结尾："这封邮件可能显得过于简洁，若给您造成误解，使您认为我们草率处理问题或让您感到冷漠，望请见谅。”

其次，我们可以使用情感暗示。如果我们能明确解释自身感受，读者就不太会对所写的内容产生误解。你可以使用如下句型：“这种情况使我感到……”，或者“其实现在，我觉得……”。表情符号也能表示情感暗示，近来研究表明，我们现在会用解读现实面部表情的大脑区域阅读表情符号。

但是一些读者可能觉得表情符号不如其他情感暗示可靠，如我们花多久的时间回复邮件，我们的信息有多长，或者我们表达自我的正式程度。

再次，我们可以使用邮件礼节。这真的只是我们在现实对话中的一种礼貌形式，仅仅需要我们在写作时多付出一些努力。

- 避免读者可能产生误会的元素：奇异、反讽、讽刺和幽默等。要知道，在交谈中幽默的评论多么容易被误解——下笔时想清楚出问题的概率有多大。
- 增加一些善意、体贴和礼貌的元素。至少在邮件开头和结尾使用一些问候、署名和“握手”等建立人际关系的辅助无素。
- 避免使用大写字母，它们让人感觉你在怒吼；避免使用下划线，它们使文本更难阅读；避免使用过多斜体及感叹号，它们使邮件看着太过激动。

最后，我们可以注意邮件中经常缺少的部分：语境。如果读者不能搞明白邮件的内容，他们会很迷茫。他们不能问你（除非再发送一封邮件），因此我们需要帮助读者，包括给他们提供一些框架信息：

过往历史、近来的活动及你们上一次的谈话内容。情境设定对你来说似乎有些浪费时间，但可以帮助读者更快了解你之前所说的内容。

与读者建立信任

我们向某人发邮件请他做某事时通常会产生误解。普通的请求会被误解为无礼的命令，改变某事的说明可能被解读成批评。如何在不冒犯别人的情况下使用电子邮件说服他人呢？

把你与读者的关系，想象成是一个银行账户。如果你想取钱，需要先存入一些资金。如何能在读者与你之间增加信用额度？你能提供给他们什么？仅仅告诉别人让他去做某件事很容易被解读为逼迫对方。如果你能找到一种方法引导他们按你的想法行动，对方的反应会更积极。感谢、表扬、鼓励及帮助都可被视为你工作关系中的银行存款。

试着在写作时进行思考。模仿是一个好方法：使用读者的语言表示你在仿照他们的思考。但并肩合作会更好：找到共同目标，一起努力然后寻求帮助。

作者杰伊·海因里希（Jay Heinrichs）建议人们写邮件时要注意所使用的时态。我们使用三种时态：过去时、现在时和将来时。每种时态都携带隐含信息，尤其是在我们要求读者做某事的时候。

- 潜意识里我们把过去时与责备或自我辩解联系在一起。这件事发生了吗？它应该发生吗？谁要为之负责？谁应该为此受到惩罚？

- 现在时主要涉及价值观。它向读者暗示了你是什么样的人，你信奉什么样的价值观。
- 将来时与选择有关。它暗含了决策的制定。将来时越过了对过去的责备和价值观的判定，寻求做出正确的决策。

若有可能，避免使用过去时。它暗含谴责，把我们困在过去。你需要的是将来的行动，所以侧重现在时和将来时，前者与对方形成纽带，后者创建解决方案。

由说到写

电子邮件只是当下流行趋势的一个例子。写作与说话之间的区别已愈加模糊。正式文体让人愈发觉得冷漠与疏远，我们越来越要求书面语“听上去”像演讲。比如说，现在对于使用简明语言的号召，以及报纸上对于“官场八股文”的日常讽刺。

但是阅读不像交谈中的倾听。它需要人们花费更多精力（当然，倾听也不要求特定的受教育程度）。值得注意的是，大多数读者——至少在工作中——大概并不想阅读我们写下的内容。他们阅读只是因为必须要这么做而已。

因此，作为作者，我们的任务就是尽可能使阅读变得容易起来。

读者合约

读者与你达成了一份合约。他们愿意在一段时间内将一定的注意力放在你的文章上。通过移动设备浏览邮件的读者并没有太专注于阅读；其注意力集中的时间非常短，因此你的邮件需要与许多其他信息及分神的事情进行“搏斗”。相反，阅读一份长篇报告的读者，会在注意力相对集中时开始阅读；他们愿意集中更多的注意力，希望获得更多回报。于是，读者合约就介于专注与不专注这一范围内。

你需要就此合约做出回应。若读者不专注，你的邮件就必须尽快表达信息，你只要提供与读者和你的目标直接相关的信息。相反，在报告中，你可以花更多的时间提供更客观、更详细的信息。

文体范围

文体范围与读者合约一致。对于不专注的读者，你的文体要直观、简单、直接——尽可能与口语更贴近。对于专注的读者，你的文体可以更慎重、更客观、更正式。实际上也更像写作。

不同类型的文章往往介于文体范围的不同位置。电子邮件处于非正式的一端，非正式文体还包括宣传单、宣传册、资料单、杂志文章、博客文章及网页。报告及会议记录、提案、研究论文和学术文章属于正式文体。

无论文体多么正式，我们的目标一定是具备可读性。太过随意的文章会让读者陷入混乱，语句往往会毫无条理或不完整。作者可能会用一些读者无法理解或无法接受的成语或俚语。非常正式的文章可能会包含一些冗长的陌生词汇及复杂句式，其表达缺乏人情味或热情，像尘土一样干巴巴。

我们可以选择文章的正式程度，其中任何一端不会比另一端更高级。技巧就在于根据读者及所写文章类型进行挑选。

所写即所说

人们常告诉我："我不太会写东西。我写文章跟说话一样。"事实上，像说话一样的写作可能是成为好作家的最佳方式之一。

所写即所说的最佳方式是想象自己在跟你的读者对话，精确地写下你想对他们说的话。这么做会有如下几个好处：

- 你会自然而然地调整文体风格，以适合你的读者；
- 你会创作出超出所需的文本，因此会有充足的余地进行编辑；
- 你通常不会搞错语法及标点。

最后一点有时候会让人感到惊讶，但事实上，多数人通常都会按语法说话。起初，标点是作为一系列标志——表示如何说书面语——而被使用的，因此按照所说的话进行写作是顺利写出好文章的第一步。

但这却不是最后一步。

编辑你的作品

在缺少我们的声音、面部表情和动作这些超语言信息的情况下，编辑有助于让文章与读者进行沟通。编辑可以使我们的稿子更清楚，还有助于尽可能减少语言文字等方面的错误。编辑的目标是尽可能使阅读变得简单。

编辑能在三个层面上改变文体，即我们可以考虑使用的词语、写下的句子及构建的段落。

明智地选择用词

以下四项特征可以区别正式词汇及非正式词汇，我们在写作时可以加以考虑：

- 长词与短词；
- 被动语态动词及主动语态动词；
- 抽象名词；
- 不必要的词汇。

我们可以通过调整这四项特征来改变写作文体。

长词还是短词

英语中有大量词汇，它是由多种语言发展而来：法语、拉丁语及大量北欧语言。因此，英语经常有两三个词表达的意思差不多（或近似）。我们可以说试试（try）或尝试（endeavour）；我们可以说开始（start/begin）做某事，或者启动（commence）某项工作；我们可以预计（anticipate）或者预测（foresee）。

哪个词最合适？这取决于你希望文章位于文体范围的何种

位置。由于历史原因，英语中的长词比短词更正式。“我预计本项目会圆满结束”（I anticipate that the project will conclude successfully）要比“我期待项目成功”（I expect the project to succeed）更正式。

许多写作方面的权威人士，特别是那些支持使用简明英语的专家，告诉我们要选择短词，而非长词。这有一定道理：比如，多数人认识“咀嚼”（chew），不认识“反刍”（ruminate）。但有时长词的意义更为精确：在这个例子中，反刍是咀嚼的一种方式。有时候长词要比短词更适合我们：比如在科技写作中，或是当我们向母语为非英语的读者写文章时。我们可以倾向使用短词，但不要以为短词更好。

被动语态动词还是主动语态动词

动词分为主动语态动词和被动语态动词。主动语态动词表示主语所做的动作，被动语态动词表示主语所承受的动作。

这篇报道是由索拉所写。

索拉写了这篇报道。

含有被动语态动词的句子使文章更为正式，含有主动语态动词的句子更随意。通常，人们更倾向使用主动语态动词；但也不能把被动语态动词排除在外。它们有助于构建侧重点不同的句子。如果你不知道或者不想说明动作的主人，被动语态动词会非常有用。使用被动语态动词没有问题，但主动语态动词会让你的文章更为生动。

什么是"抽象名词"

名词表示事物、人、时间、地点或数量。具体名词表示世界中的实体事物（桌子、女人、钢笔、汽车、树木）；抽象名词表示思想、概念或不能被身体感知到的某种特征（成长、意识、训练、营销、可能性）。

抽象名词使你的文章更正式。许多抽象名词都是带有标准后缀的长词：–ion（翻译translation，操纵manipulation，规格specification）；–ment（测量measurement，管理management，替代replacement）；–ence或–ance（管理governance，维护maintenance，优势predominance）；或–ity（酸性acidity，功能functionality，优越superiority）。

罗列抽象名词可使文章更正式。若你想让文章随意一些，可以使用动词或形容词来替换抽象名词。如果要使用一堆词汇才能替换一个抽象名词，则考虑保留它。

我需要哪个词

一些词在表达意义上的作用极其有限，但却有助于表达你想要的语气。"我们每周做这些测试"和"我们以周为单位进行测试"意思差不多，但后者显然更专业、更深刻。用词和加词进行强调，使你的文章更正式。如果去掉它们，你的文章"听上去"更直接、更口语化，但同样可能会显得有些无礼。一般情况下，如果能用更少的词表达更多的意思，文章质量会得到提高，不妨比较下面两段话：

这种安排的好处是可以在咨询费用上有所节约，并为新用户提供了学习新系统的机会。同时，他们还可以利用这段有意义的时间了解其工作。

这种安排节省了咨询费用，使新用户在职场学习中了解此系统。

<<< 练　习 >>>

挑选一封你刚完成的邮件进行改写，将文体风格调整到文体范围的某一端，表达内容要与原文一样，不要随意改变本意。改写的文章有什么引起你注意的地方吗？你觉得读者对新版本的文章会有什么反应？

构建佳句

语句表达观点。如果句子写得好，它们可以更有力地表达你的观点。长句及复杂句式更为正式；短句、简单句式更随意。但这不是一定的，特别随意的文章也可能包括很长且不连贯的句子。无论文体风格如何，文章观点一定要表达清楚。

遵循“15–25”规律：信息句、主题句和其他表达主要思想的句子不应超过 15 个单词，所有其他句子不应超过 25 个词。

通过以下方式强化句子：

- 切分长句为独立的短句；
- 简化复杂句；

- 寻找合适的主语及动词。

尽可能将主语放在句子开头，动词紧随其后。选择合适的主语，使其像故事中的角色一样。使用动词说明角色在故事中的行动。比如，这句话中没有任何角色出现："这个决定将于周五做出。"这样会显得非常正式且冷漠。"董事会将于周五做出决定"这句话引入了一个角色及一种故事感。当然，如果去掉抽象名词，该句的文体风格会更随意："董事会要在周五作决定。"

谋划表达有力的段落

段落能够体现文章的正式程度。报告、简报及提案通常能从好的段落结构中获益，相反，电子邮件中很少使用段落。最不正式的文体——广告、宣传材料及演讲——往往使用单句，没有段落。

段落可以显示你思考的脉络，它们表明了每段的主旨和段落之间的关系。每当你提出一个新的观点，就要另起一段。

每段段首使用主题句概括本段主旨。主题句有助于确定每段内容，你可以把主题句看作是一整段的信息提示，它应满足如下几点：

- 语法完整；
- 观点单一；
- 不超过 15 个单词；
- 表达新内容。

何处能找到好的主题句呢？你可以先完成段落，然后找到可以总结本段的句子。你可以先想好段落要表达的内容，写下主题句，然后完成段落支撑主题。通常，段尾的句子也可以成为主题句。把结尾的这一句放到段首，看看它是否适合成为主题句。

<<< 编辑段落 >>>

为减少潜在的停机时间和操作风险，建议正式评审购买备用服务器的案例。此服务器还可用于系统测试。现在就要解决这个问题，因为如果在三月份之前作决定，可以避免额外的租赁成本或租用机器的损失。

注意主题句的使用，如何使内容更简短并提高其可读性：

我们要审核购买备用服务器的商业案例。这个服务器有以下作用：

- 减少潜在停机时间；
- 减少操作风险；
- 还可用作系统测试。

需要在三月份之前做出决定，以避免额外的租赁成本或租用机器的损失。

融会贯通：编辑策略

编辑帮助我们更清晰地表达。无论是想要更书面化的正式风格，还是更接近口语化的非正式风格，我们都需要给文章润色，使其在没有面谈中那些姿势、面部表情和语气变化的情况下也尽可能清晰地表达你的意思。

最有效的策略是在以下三个层面按顺序进行编辑：

- 段落；
- 语句；
- 词汇。

编辑段落会解决语句和词汇层面上的许多问题，且几乎不需要花费什么心思。改进句子结构自然意味着会改变用词。

如下这些重要提示使你的编辑更高效。

- **打印出来**　纸质的文本读起来不一样：它更直观、更生动，而且就在手边，能比你盯着屏幕找到的错误更多。
- **休息一会儿**　即使截稿时间紧迫，也要放下稿子一会儿，之后再回来进行编辑。即使只休息 30 秒钟也都会有积极影响，休息时间越久，效果越好。
- **大声读出来**　一篇佳作听起来优雅动人，通俗易懂。仔细听听文章刺耳及不通顺的地方。
- **假装自己就是目标读者**　他们有没有可能误解你的话？更重要的是，会不会误解你的说话方式？检查有歧义、幽默和复杂的表达内容。
- **使用可读性统计信息**　如果使用Word软件，你能在电脑上找到这个功能。它位于“审阅”功能区下“拼写和语法”对话框里（或者在你的搜索引擎中搜索“可读性统计信息”）。这些信息并不细致，但可以客观衡量文章的可读性，也能确认你正在编辑的内容的正确性。

- **毫不留情** 最后一步是去掉你不需要的内容。如果可以，删掉词语、句子甚至一整段话。留下的才会像钻石般闪耀。

<<< 要点总结 >>>

- 工作场合下的写作往往是电子邮件。
- 我们假设电邮是一种交谈。因此：

——相比实际对话，邮件内容的表达不够清晰；

——我们通常会高估自己邮件内容表达的清晰程度；

——我们始终高估自己阅读邮件时的理解程度；

——我们往往带有比作者预想更大的负面情绪来解读邮件。

- 四条策略可以帮助我们减少误解的可能性：

——使用“表达规则”；

——使用情感暗示；

——使用邮件礼仪；

——为邮件增加语境。

- 把你和读者的关系当作一个银行账户。如何提高你与读者之间的信任度？
- 模仿读者的语言，寻找共同的目标，和他们保持一致。
- 读者和你建立了一份合约。他们有的在专心阅读，有的则不然。
- 文体风格与读者的专注程度一致。对于专注的读者，文体更为正式；对于不专注的读者，文体略随意，更口语化。

- 想想正在和读者对话，把要说的话写下来。
- 在三个层面上编辑作品：段落、语句和词语。
- 使用主题句来编辑段落。
- 使用三种方法来编辑语句：

——切把长句分为独立的短句；

——简化复杂句；

——找寻合适的主语及动词。

- 使用四种方法编辑词语：

——尽量使用短词，而非长词；

——尽量使用主动语态动词，而非被动语态动词。

——去掉抽象名词；

——去掉不必要的词汇。

- 使用编辑策略：

——将你的稿子打印出来；

——休息一会儿；

——大声读出来；

——假装自己就是目标受众；

——使用可读性统计信息；

——毫不留情。

第九章

建立人际关系网：新的交谈方式

要不要与他人建立关系

准备建立人际关系网

建立人际关系网的交谈技巧

开展后续行动并建立你的人脉

建立人际关系网是一种旧理念的新称呼。2008 年，英国领导力发展组织 Common Purpose 调查发现，有 68% 的商业领袖都希望在未来 5 年增加他们的社交活动；而在年轻的商业领袖中，这一数字则高达 75%。

首先，建立人际关系网不是：

- 推销；
- 利用他人为己谋利；
- 使他人处于困境。

高效的交际人清楚地认识到：我们需要他人来实现个人目标和理想，而建立人际关系网则能帮助我们找到这样的人。

人际关系网可以通过一定的策略建立，也可以是自发形成的。在最佳状态下，有策略地建立人际关系网能使我们做好准备迎来发现的精彩瞬间。

要不要与他人建立关系

据《牛津英语词典》所示，“人际关系网”（network）一词首次出现在 1946 年，意思是“相互联系的一群人”。而“交际人”（networker）及“建立人际关系”两词则到 1976 年才出现。

自“建立人际关系一词”出现伊始，它就与女性商人数量的增加息息相关。1980 年，玛丽·司格特·韦尔奇（Mary-Scott Welch）出版了《建立人际关系网：女性获得成功的新方法》（*Networking: The great new way for women to get ahead*）。《纽约时报》在其所刊登她的讣告中写道：创作这本书的时代背景是“更多的女性开始努力争取原本由男性占主导的工作职位。”在该书中，“network”一词首次被用作动词：玛丽·司格特·韦尔奇女士在书中写道“这本书将向你展示如何建立人际关系网。”

因此，可以说建立人际关系网提供了一种不太激进的经商方式。它强调合作与协商，而不是个人主义及竞争。

如何更有效地建立人际关系网

有效的人际交往取决于三个关键因素：

- 心胸宽广；
- 慷慨大方；
- 互惠互利。

培养宽广的心胸

心胸狭隘的人无法与他人分享。他们认为成功取决于自己紧紧掌握的资源——财产、知识和人脉。对于他们而言，胜利意味着他人的失败，且人人为己。

而心胸宽广的人则认为人类资源（包括知识、智力及想象力）经过分享才能产生更多。对于他们而言，只有共赢才算胜利，人人都能有其独一无二的贡献。宽广的胸怀意味着做任何事情都有三种方法：你的方法、我的方法及更好的方法。

变得慷慨大方

有了宽广的心胸，我们就能关注到他人。且正如我们在第四章中提到的，注意力是有效倾听的关键。这样我们就可以少些自私自利，更加简单有效地传递信息。

建立互惠关系

我们的生活离不开他人的帮助。人类的互惠似乎是与生俱来的；如果我给了你某样东西，你肯定会觉得必须给我一些东西作为回报。（互惠是罗伯特·恰尔迪尼影响力模式的一种，我们曾在第五章中提到过。）合作需要信任，而互惠则是信任的硬通货。

准备建立人际关系网

与其他沟通技巧相同，精心的准备对于有意识地建立人际关系网很有帮助。制订计划有助于你更有效地建立人际关系，且事后还能监测你是否成功。

自己做好准备

建立人际关系网会让我们十分尴尬。无论我们多么礼貌地绕过这个话题，可我们想知道的关于他人的第一件事就是他们是谁：不仅仅是名字，更重要的是他们的身份。我们在寻找可以和对方搭上话，能够获得认同并使双方感到舒适的东西。这会给我们提供一份清晰的“剧本”来借鉴，从而能够更简单明了地把自己介绍给他人。

建立你的品牌

我们的品牌就是别人对于我们的了解。它不是我们的性格，也并非生命中的使命。而是与人品诉求相关，但比这更为直接。我们的品牌所传递出的信息就是我们希望他人了解的内容。

把你的品牌看作是位于“表面”的事物，那么这之下就是你的其他品质：信仰、价值及态度。你的品牌彰显了这些价值。

<<< 练　习 >>>

花点儿时间找出你的一些核心价值。

- 对你来说什么是重要的？
- 如果你不必工作，你会干什么？

- 什么能让你“专心致志”？
- 你想要解决什么大问题？
- 在你75岁生日时，希望别人如何评价你？
- 谁是你心目中的英雄？
- 什么让你为自己感到骄傲？
- 什么让你与他人不同？

我们通过自己的成就展现价值。我们的成就是信手拈来的，能证明我们的经验与专业技能，而这也许正是他人所寻找的。

我们很难记住自己取得的所有成就，但如果你能就其列出一张表，就可以信手拈来。

<<< 练　习 >>>

这项练习有两点好处：它能帮助你准备建立人际关系，也可以帮助你充实简历。

写出你擅长什么，在哪些方面经验丰富，受过何种培训及取得过什么成就。同时，也要写明在特定项目、体育活动、教育或培训课程及社区工作中，这些技能是如何帮助你的。

这些技能和活动要分开来写，针对每项技能，找到进一步的活动例证。而针对每一项活动，自问其展示了其他哪些技能。

是否要公开并庆祝这些成就完全取决于你。当你开始谈论你所取得的成就时，你会对自己在乎的事情表现得慷慨激昂：交谈中的乐趣是会感染他人的。

创建自我介绍

我们经常向他人进行自我介绍，因此，如何做好自我介绍值得我们认真考虑。能够与他人发展良好关系并引起他人兴趣的自我介绍，将会是我们最宝贵的人际关系财富之一。

构思一份你觉着舒服的自我介绍。尝试不同形式的措辞，看看哪些会引起他人的兴趣和好奇心。

<<< 检查清单：你的自我介绍 >>>

简明扼要	找到提纲，用一句话概括你是做什么的。
使用动词	说明你是做什么的，而非你的岗位。这样你的自我介绍会更加生动形象，更加清晰。例如，“我在急诊室专门负责轻伤处理”远比“我是一名护士”更能引起人们的兴趣。
与众不同	让你脱颖而出的是什么？你的职业有什么特别之处？你真正喜欢做的事情是什么？
设置诱饵	要用大众熟悉的语言，而非行话或术语。最重要的是要使用动词：这些动词会让你的形象在他人眼中变得鲜活起来。
全心投入	要当心谦卑致歉的诱惑！微笑；运用清晰且坚定的目光交流；避免使用一些如“仅仅”和“只是”（“我仅仅是个秘书”“我来这只是因为我的经理下达的命令”）。

许多人都不能从容地“自吹自擂”，但我们并不需要大吹大擂。他人需要知道你能做什么，从而才可以善用你的才能。只有你自己知道你能做什么与能做多好是不够的，你要让更多人知道。

整合你的资源

与其他交流方式相同，我们有三大方面的资源可以利用，这些资源可以帮助我们建立融洽的关系，这点我们在第一章中已探讨过。视觉资源包括我们的外表和行为，声音资源包括我们的声音和身体的辅助发声器官，而语言资源是我们使用的词语。

视觉资源

形象很重要，并且外表光鲜也显示出你对会面者的尊敬。

- **检查一下你的衣橱** 你的服装要优雅且简洁地展现出你的价值观。买几件适合你的百搭的高档服装。深色服装的效果一般来说要比浅色的好，同时深色服装也会给人一种威严庄重的气息。如果还有疑问的话，那就根据场合来穿衣——现场调整着装总比衣着不得体要好。
- **合理使用配饰** 要学习如何使用配饰突出你的形象。珠宝、领带、围巾、手提袋、皮包——它们比你的衣服更能突出你的品牌。衣着协调是关键。
- **注意仪容仪表** 要打理好你的鞋子、指甲及头发；也要注意你的口气，因为你正在与他人近距离会面。

- **注意你的举止** 你的站姿、一举一动及眼神交流都会流露出你的信息，注意你的姿态，最好能面带微笑。

声音资源

声音的质量同样重要。音量、语速和音调是我们声音的三个核心要素。通过对这三方面的认识，我们可以直观地了解到一个人的很多信息。

- **让别人听见你的声音** 你有可能会在嘈杂的环境中讲话，所以要将你的声音清晰地传达给他人；如果别人看起来在努力听你说话，那就稍稍提高自己的音量。
- **放慢语速** 口齿清晰，不要含混不清；过快的语速会让人觉得你很紧张或不感兴趣，使用第六章中提到的呼吸技巧。
- **降低音调** 尖锐高亢的声音会让人觉得你缺乏权威和自信，使用第七章中提到的7–11呼吸法。
- **运用自己的语音语调** 要对你的声音感到自豪，这是你身份的重要组成。如果你的口音独特或方言较重，人们可能就需要多花些精力适应你的声音。
- **吐字清晰** 在说话时，确保所有的辅音（除A、E、I、O、U以外的所有字母）发音要清楚。为此请妥善运用你的嘴唇和舌头。

语言资源

你的语言资源包括自我介绍，以及与他人建立融洽关系的谈话和问答。听取别人谈话时的用词并相应调整你的用词，以适应他们。如果使用得当的话，呼应他人的用词能够帮助你迅速与他人建立融洽关系。

你有名片吗

你的名片是你留下的痕迹。谈话结束后，在别人记忆中，你的名片就代表了你本人。如果他们想与你再次见面，他们会通过名片联系上你。

- **你的名片应当彰显你的“品牌”**　名片的设计能传达出你想说的话吗？名片的颜色和字体能体现你的价值观与风格吗？如果你有网站或博客的话，你的名片能与其一致吗？
- **重要的信息应当一目了然**　你的名字、公司名称及具体联系方式等都应印在名片的显眼处。
- **合理利用空间**　不要让无用的图画和装饰占满你的名片。
- **选用上乘材料**　要选择经久耐用、质量上乘的材料制作名片。如果经济条件允许，有必要用专业工艺印刷名片。

如果你初入职场，或是暂时待业家中，那么不要怕麻烦，设计包含你具体联系方式的新名片。毕竟，给别人递上信息过期的名片可不是个好主意——如果信息是被匆忙划掉或覆盖掉的，那么给人留下的印象会更糟糕。你可能觉得给陌生人提供你的家庭住址会很不舒服，不过留下电话号码和邮箱地址还是很有必要的。

关心内在自我

建立人际关系网很累人，我们大多数人每天都会结识一些新朋友，但很少有人能在几小时内结识几十个朋友。因此，每次新的会面既是机遇也是挑战。

树立信心

注意，不要对失败进行演练。（回忆第七章中关于演练的要点。）不要想着哪里会出现问题，而是要设想成功以后的场景。

提前对成功之后的场景进行演练并非“积极思维”，而是以一种十分谨慎的方法在我们大脑中演练成功的交谈。

<<< 练　习 >>>

以下是如何演练成功的社交。

1. 在安静的屋子里闭上双眼，平心静气，摒弃一切干扰。

2. 想象你对面有台电视机，并把它打开。

3. 电视屏幕上播放的画面是你自己在与他人交谈，你表现出色。仔细看视频，注意“你”在做什么。现在调整视频，提高音量，增大屏幕尺寸，使之真正扣人心弦。现在，进入这部电影中，通过你的眼睛观察一切行动，仿佛你已身处其中，开始关注你在做什么，你的样子，你的声音及感受。

4.现在从屏幕中走出来，把视角转向这件事之后的未来。现在回头看看，记下笔记，想想哪里做得好。注意你现在的感受如何。

5.回到现在。将视频定格在你可以轻易记住图像的时间点。这个图像将会成为你回到视频的接入点。这样只要你想，你就可以重新回到其中。

确立目标

既然你已做好准备，现在就需要为自己在此次交谈中设定明确的目标。

你想要什么？你想给别人什么？从这个角度确立目标很有用。你怎样知道自己得到了想要的东西？或者你已经给了别人你想给的东西？

有时我们的目标和目的都是由管理者来设定的。如果是这样的话，确保自己愿意去做别人要求你完成的事情，必要时你可以进行谈判，这样就能控制自己的目标了。

建立人际关系网的交谈技巧

无论准备得多么充分，你终归要踏入房间，与他人进行交流。展开会谈的方式不止一种。有些人习惯以幽默的谈话开始；而另一些人则说一些套话："我们以前见过面吗？"或是"什么风把您吹来了？"等。不过重要的是放手去做，开始与他人接触。

建立融洽关系

此处可回顾第一章中关于建立融洽关系的练习，那五步策略有助于你建立人际关系。开始谈话时要保持积极或中立，避免诸如宗教和政治等能引发情绪的话题——至少谈话开始时要这样。而且，在说到两个人的关系时要十分谨慎，"你们两个结婚了吗？"会是非常令人尴尬的开场白——这一点是我在写这一章的几天前吃过苦头后才发现的。

在交谈的前几分钟，你很可能会不记得对方的名字，而后面你们会谈论更多事情。几个简单的技巧将有助于你牢记他人的名字：

- 在开场白中使用对方的名字；

  ——你好，我是梅根。

  ——梅根，你好。很高兴见到你，我是托尼。
- 必要的话，再次询问对方的名字——不厌其烦地询问是尊敬他人的一种表现；
- 在交谈中使用一两次对方的名字。一些人在这件事上做得比他人好。这可能会让你觉着有些尴尬或不舒服，但这的确能帮助你记住对方名字。

让交谈继续

在交谈的早期阶段，尽量多听少说。先问问题，然后听取答案。但提问时确保提开放式的问题。可以使用五个W和一个H开头的问题提问。

- 你是做什么（what）工作的？
- 你通常在哪里（where）与客户会面？
- 你什么时候（When）开始经营这一行？
- 你和主办机构的中间人是谁(who)？
- 你是怎样(how)开始你的事业的？
- 你为什么（why）要走这条路？

现在再分享一些关于你的事情。（记住第一章中关于这项练习的规则：在进行下一步之前提出的问题不要超过三个。）试着把你的评论与对方之前所说的内容联系起来，然后总结并复述。检验一下你对于对方所说的内容的理解程度，这可以帮助你保持专注，给你时间思考接下来说什么，并表现出你一直在听对方讲话。

另一个让交谈继续的方法是让别人也加入谈话：

克里斯，来加入我们吧。我们刚谈到……

我想你应该见见他。我去找找菲罗兹……

以这种方式“传球”可以使交谈得到放松或加强，这也可以礼貌地结束交谈：在对双方进行介绍之后，你可以缓一口气，然后再继续。

加入小组

结识一群人与结识一个人略有不同，能够“读懂”小组将会很有帮助。

- **及早加入** 管理小组最好的方式之一就是在其出现伊始就加入其中。
- **利用前期联系人** 在此次活动中每个与之有过交谈的人都是潜在的“联结者”：如果想加入某个小组，可以找一个人作为中间人。
- **判断小组的团结程度** 每个人是否与彼此贴近？他们的眼神交流如何？你看到的是一个开放的小组还是排他的小组？
- **找寻空档** 3个人以上参与的交谈很少能继续下去，而4人或4人以上的小组往往会变成一人在主导讲话，其余人则变为听众。所以你可以选择加入听众之中，或者也可以在两个人正在交谈时，作为第三人礼貌地加入他们。
- **挑选出掉队者** 不是小组中的每个人都能完全“在核心地位”。找出处于小组边缘的人——也许他们看起来好像要一个借口离开——然后成全他们。
- **利用倾听时间建立你的存在感** 进行目光交流，用微笑和点头回应他人的讲话，还可以向他们提问。
- **征求许可** 用不同的方法征求别人的许可进入下一步。

——对不起，我无意打扰，但是我无意间听到你们在谈论……

——对不起，打扰了，请问我这么想对吗？

——对不起，打扰了，我能就你刚才说的话提问吗？

“扮演主人”是加入一个小组的巧妙方法。你可以拿起一瓶酒或一盘点心，并在小组中传递享用。这样，你就能让人们感觉放松，给予他人礼物（这是人们对你感兴趣的绝佳办法），同时你也可以对大家相互介绍一番。扮演主人也会对你有所帮助：它赋予你一定的权威（或至少给你一些事情做）及控制权。因此你可以判断何时与某人在一起，何时该继续下一步。

结束交谈

无论谈话进行得顺利与否，无论有没有取得任何成果，都要小心谨慎地结束谈话。我们给人留下的最后印象与第一印象几乎同样重要。

不要突然离开某人，要简单地结束交谈，想方设法使谈话对象与其他某个人产生联系。你可以给他们做一下介绍，确保此次介绍可以使双方熟络（他们彼此实际对话是否超过一句），然后再离开。或者，你可以找一个合理的理由离开。也许是你正在等一个同事，或者你必须在某个人离开前去跟他们说几句话。

交谈结束时总会有某些举动。很多动作可以结束一次交谈，你可以：

- 邀请一个人与另外一人会面；

- 给对方一些信息或食物、饮料等作为礼物；
- 允诺再次见面；
- 交换名片。

交换名片

近年来，交换名片的礼节变得越来越复杂。名片是一份礼物，像下面这样对待你的名片，你就不会出现什么差错。

- **保持名片完好** 这不仅适用于收到的名片，同样适用于你自己的名片。因此利用名片夹是个好方法：一个用来放收到的名片，另一个则用来放自己的名片。
- **恭敬地递上名片** 首先，想好要给谁名片。当别人向你索要名片时递给他；向他人索要名片是尊敬人的表现，因此你也要以礼相待。给人名片时首先问对方是否需要。充满敬意地给他人递上名片，这也是在尊重你自己。最重要的一点，不要把一沓名片直接放在桌子上。
- **接名片时要显示出对别人的尊敬** 别人给你名片也是在表达一种敬意，他们通过给你具体的联系方式来表达对你的信任。所以，把名片当作礼物对待。小心接过来，认真查看，念出信息（可以大声读），夸赞一句或给予积极的评价（“设计很生动有趣”“啊，你是在伦敦工作”）。等你们分开后，再把名片小心收起来。

在名片上做记录是个好主意：你们何时见的面，谁是介绍人，有趣的信息，商定了哪些后续活动。但是，永远不要当着别人的面在名片上做记录。（当然，除非对方允许你这么做。）

开展后续行动并建立你的人脉

不要浪费你苦苦得到的机会。一旦与他人建立联系，想想该如何利用它，在活动结束时回顾你的名片和笔记，并在日记里记下任何明显或即将进行的后续行动计划。

想办法组织起你的人脉圈。你可以使你的系统与其他记录个人信息的系统保持一致，如个人记事本和电子邮件档案等，越多越好。

再次与他人取得联系

拥有很多人脉却从来不与人联络的话，这些人脉将毫无用处。有很多方法可使我们再次与人取得联系。你可以快速跟进，赠送礼物——如信息、资源链接或其他人——或邀请他们与你进行联系。记住不要惹恼或过度打扰他人，长时间的“轻微接触”可能会产生效果。寻求他人帮助也是保持联系的好方法。

关系网银行

我们与每个人在人际关系网中都有一个“关系账户”。与真正的银行账户一样，我们的“关系账户”会有余额，也会出现透支。（每当我们说“我欠你个人情”或“不胜感激”时，就表明我们需要平衡与某人的“关系账户”。)

戴安·达琳(Diane Darling)认为查询我们与他人“关系账户”余额的最佳途径是尝试提现：

- 当你需要给别人打电话时，是否会感到不好意思?
- 距离上次你往账户里“存东西”已经过去多长时间了?
- 上次别人找你帮忙，你帮了吗?

如果你认为你与某人的关系账户余额很低，那就想办法增加存款：

- 找到你能为对方做的事情；
- 不要向他们索取任何东西；
- 找出谁与你的“关系账户”有“余额”，看看他们能否给你提供“关系贷款”?

关系银行中的存款能给你带来“关系利润”。小小的存款可以迅速给你带来大量回报。

拓展关系网

高效的交际人会剑走偏锋！他们抓住每一次机会锻炼自己建立社交的技能，并主动寻求建立新的业务关系。

寻找新的途径，让别人听到你的声音。现如今社交科技发展十分迅速：社交网站、电子邮件、即时通讯、播客等。探索如何使用电子媒体来推广我们的信息，并为我们人脉圈中的人提供有用的礼物。

<<< 高效社交的 10 条准则 >>>

- 种豆得豆。
- 做你自己。
- 尊重你的人际关系。
- 分享，不要私藏。
- 追求你想要的。
- 专业地提升自己。
- 必要时进行下一步。
- 记录下所有联系人。
- 进行后续追踪。
- 拓展你的视野。

<<< 要点总结 >>>

- 建立人际关系网是一项建立长久互利关系的艺术。
- 建立人际关系网不是：

  ——推销；

  ——利用他人为己谋利；

  ——使他人处于困境。
- 建立人际网如何变得更加高效：

  ——心胸宽广；

  ——慷慨大方；

——互惠互利。

- 准备建立人际关系需要：

——做好自我准备；

——建立你的品牌；

——找到你的核心价值；

——列出你的成就和成绩；

——创建自我介绍；

——整合你的资源：视觉、声音及语言。

- 你的商业名片应当：

——展示你的品牌；

——信息一目了然；

——质量上乘。

- 关照你的内在自我：

——树立信心；

——进行成功预演；

——确立目标。

- 在建立人际关系网的交谈中：

——建立融洽关系；

——运用技巧让对话继续；

——练习如何加入小组；

——礼貌地结束交谈；

——交换名片要注意礼仪。

- 开展后续行动并建立你的人脉：

——记录联系人；

——再次与他人取得联系；

——寻求他人帮助；

——建立关系网银行；

——保持联系不断；

——主动；

——使用公司的设施；

——创建你自己的人际网；

——拓展关系网；

——寻找新的途径，让别人听到你的声音。

- 高效社交的 10 条准则：

——种豆得豆。

——做你自己。

——尊重你的人际关系。

——分享，不要私藏。

——追求你想要的。

——专业地提升自己。

——必要时进行下一步。

——记录下所有联系人。

——进行后续追踪。

——拓展你的视野。

附　录

下一步怎样做

沟通延续不断，因此我们一直在学习如何提升沟通技巧。我在博客中探讨了与本书材料相关的问题及事件。可以点击访问：bit.ly/1zgJBvo.

下面列举了一些相关书目及其他资源的思考，可进一步拓展本书中我们所探讨的观点。

第一章　何为沟通

目前我所发现的关于香农–韦弗沟通模式（Shannon–Weaver model of communication）最全面的解释出现在米克·安德伍德（Mick Underwood）十分精彩的（且已获奖）网站上，地址为：bit.ly/29CaP7Q。

沟通四原则是基于唐奈·金（Donnell King）的观点而成。可点击bit.ly/1NfLVmS访问。

克里斯·戴斯（Chris Dyas）在此解释了其建立融洽关系的五个步骤：bit.ly/29xhu5U。

维基百科上关于保罗·瓦兹拉威克的文章为我们提供了有用信息及链接。

若想了解更多，史蒂文·米森（Steven Mithen）的*The Prehistory of the Mind*（Phoenix, London, 1998）一书从灵长类动物活动方面探讨了沟通的起源。玛格丽特·惠特利（Margaret Wheatley）的*Leadership and the New Science*（Berret–Koehler, San Francisco, CA, 1992）一书从量子理论及其复杂性角度带来启示，运用到了有关信息的观点。

第二章 如何进行交谈

点击此处可获取更多有关保罗·格赖斯的交谈准则的内容：bit.ly/1Q91bXi。

同时你可以在《生活大爆炸》（*The Big Bang Theory*，见bit.ly/1OrMEp2）中发现全部四种准则有趣的实例。

此处对弗伦奇和雷文（French and Raven）五种权力的基础进行了详细解释：bit.ly/1ZvFOlo。

彼得·圣吉（Peter Senge）《第五项修炼》（*The Fifth Discipline*）（Random House, London, 2nd edn, 2006）一书将交谈与系统理论联系在一起。威廉姆·艾萨克（William Isaac）的*Dialogue and the Art of Thinking Together*（Currency Books, New York, 1999）一书在交谈研究方面处于前沿。

第三章　改善交谈的七种方法

第一阶段及第二阶段思维的概念均对爱德华·德·博诺的研究产生影响。可参见*Lateral Thinking in Management*(Penguin, London, 1982)。四种交谈类型源自迈克尔·沃勒克（Michael Wallacek）的研究，而其可能受到华纳·爱哈德（Werner Erhard）的影响。

克里斯·阿吉里斯的推论的阶梯可在由彼得·圣吉等人《第五项修炼手册》（*The Fifth Discipline Fieldbook*）（Nicholas Brealey, London, 1994）一书中找到最佳例证。

更多有关思维导图的内容，可参见托尼·布赞（Tony Buzan）的*Use your Head*（BBC, London, 1974）一书。

第四章　询问的技巧

南希·克兰的*Time to Think*（Ward Lock, London, 1999）一书对深度倾听进行了有趣的研究。

第五章　说服的技巧

亚里士多德在其《修辞学的艺术》（*The Art of Rhetoric*）中解释了三种诉求模式。（Penguin Classics, London, 1991）。

证据是图尔敏模式（Toulmin schema）的关键要素，心理学家斯蒂芬·图尔敏（Stephen Toulmin）发明了该模式。更多信息请点击bit.ly/1U6GX1y。

卡罗琳·格莱德（Caroline Goyder ）在其*Gravitas* (Vermilion, London, 2014)一书中提到了有关发声训练的观点。

彼得·汤普森（Peter Thompson）在*Persuading Aristotle*(Kogan Page, London, 1999)一书中将古典修辞学与现代商业技术有趣地联系在了一起。

更多有关金字塔原则的信息，请参见芭芭拉·明托（Barbara Minto）*The Pyramid Principle* (Pitman, London, 1987)一书。

第六章　棘手的谈话

欲知保罗·麦克莱恩（Paul McLean）三位一体大脑模型在目前的应用状况，请点击：

——bit.ly/1PaQK8G；

——bit.ly/1PB8vID。

在本章及书中其他部分，我借鉴了乔·格里芬及伊凡·蒂勒尔的研究成果。你可以通过访问人类天赋研究机构网站（hgi.org.uk）对其成果进行研究。更多有关大脑边缘系统的信息，请访问bit.ly/29HkLz9。

探索作为人类的我们有何种需求，请点击bit.ly/29xg4mm。

若要进行在线情感需求测试，请点击bit.ly/29xg1at。

第七章　演示报告

获取门罗激励序列的有效样例，请点击bit.ly/1ndUE4m。

PRAISE法则大致上是基于奇普·西斯和丹·西斯（Chip and Dan Heath）所著的*Made to Stick*（Arrow, London, 2008）一书中的材料得出。

詹斯·谢勒森（Jens Kjeldsen）在其论文The Rhetoric of PowerPoint（bit.ly/209vX7d）中分析了幻灯片的使用。

麦克斯·阿特金森（Max Atkinson）在其*Lend Me Your Ears*(Vermilion, London, 2004) 一书采用了一种全新的方法研究演示报告及演讲稿写作。

第八章　把你的想法写下来

欲查看贾斯汀·克鲁格关于电子邮件潜在误解的论文，请点击bit.ly/SyB0jo。

欲查看克里斯汀·拜伦*Carrying Too Heavy a Load*？一文，请点击bit.ly/1OrR5QJ。

杰伊·海因里希在其*Thank You for Arguing*(Three Rivers Press, New York, 2013)一书种讨论了说服的时态。艾伦·巴克（Alan Barker）所著的*Writing at Work*（Industrial Society, London, 1999）是一本商务文件写作的综合指南。

第九章　建立人际关系网：新的交谈方式

史蒂芬·德苏沙（Steven D' Souza）所著的*Brilliant Networking*（Pearson Education, Harlow, 2008）及唐娜·费希尔（Donna Fisher）和桑迪·维拉斯（Sandy Vilas）合著的*Power Networking*（Bard Press, Atlanta, GA, USA, 2000）两本书采取有效且相辅相成的方法研究如何建立人际关系网。